이솔
지텔프

G-TELP 32 to 65

서울고시각

G-TELP(General tests of English Language Proficiency)는 국제테스트 연구원(ITSC, International Testing Services Center)에서 주관하는 글로벌 영어능력 평가인증시험으로 일반영어 및 실용영어 활용능력 평가에 기반을 둔 시험입니다. 한국에서는 공무원 시험, 국가자격증 영어대체시험, 기업체의 채용 및 인사, 대학 졸업자격 및 논문 심사 영어대체시험, 초·중·고등학교 영어 평가인증 및 교육자료로 활용되고 있습니다.

G-TELP Level 2는 문법, 청취, 독해 및 어휘 세 영역의 종합 영어 능력을 평가하며, **월 2회** 전국에서 시행됩니다. 다양한 상황에서 업무상담 및 해외연수 등이 가능한지가 평가 기준이 되며 문법 26문항(20분), 청취 26문항(30분), 독해 및 어휘 28문항(40분)으로 총 80문항을 총 90분 안에 풀게 되고 각 영역당 100점씩 총 300점을 100점 만점으로 환산하여 점수를 냅니다.

많은 수험생들이 여러 어학시험 중 G-TELP를 선택하는 이유는 **단기간에 고득점이 가능**하다는 장점 때문입니다. G-TELP시험은 아주 뚜렷한 출제 경향을 가지고 있어서 처음부터 방법을 알고 그에 맞춰 공부하면 원하는 만큼의 성적을 빠른 시간 안에 얻을 수 있습니다.

이 교재는 특히 가장 쉽게 점수를 올릴 수 있는 **문법파트에 큰 비중**을 두었습니다. 문법 파트는 G-TELP시험에 나오는 필수 이론을 중점적으로 다루고, **빈출 내용은 Tip**으로 정리해서 핵심을 한눈에 볼 수 있게 했습니다. 또한 **단원별로 기초 다지기 문제와 실전 문제**를 통해 단계별로 문제를 풀며 단서를 찾는 연습과 함께 응용력을 기를 수 있도록 구성했습니다.

어휘파트는 총 **8개**의 테마로 주로 청취와 독해에서 빈출되었던 필수어휘로 구성되어있습니다. **빈출어휘**만 암기해도 청해나 독해를 하는 데 훨씬 매끄럽게 이해할 수 있는 기반이 다져집니다. 부록의 독해파트는 실전 수준의 문제를 직접 접해볼 수 있게 되어있습니다.

이 교재는 수험생들이 **단기간에 최상의 결과를 이끌어내는 것**을 목표로 구성된 교재입니다. 교재작업에 힘이 되어주신 모든 분들, 특히 서울고시각 출판팀에 감사의 말씀을 전하며 G-TELP시험을 준비하는 모든 수험생분들에게 좋은 결과가 있길 바랍니다.

2024년 1월 저자 이슬

 G-Telp Level 2

시험 안내

 1 G-TELP는?

G-TELP(General Tests of English Language Proficiency)는 국제테스트 연구원(ITSC, International Testing Services Center)에서 주관하는 국제적 공인영어시험이며, 우리나라에는 1986년에 지텔프코리아가 설립되어 지텔프 시험을 운영 및 주관하고 있습니다. 듣기(Listening), 읽기(Reading), 말하기(Speaking), 쓰기(Writing) 등의 4대 영역을 평가하는 글로벌 영어평가 교육시스템으로서 현재 우리나라에서는 공무원, 군무원, 소방, 경찰 등 각종 국가고시의 영어대체시험, 기업체의 신입사원 채용과 승진 평가시험, 대학교 졸업자격, 초·중·고등학교 영어 평가인증의 자료 등으로 널리 활용되고 있습니다.

 2 G-TELP의 구성과 종류

G-TELP Level Test (GLT)	G-TELP Speaking Test (GST)	G-TELP Writing Test (GWT)
paper-based test(PBT)로 문법/독해/청취를 평가	말하기 시험	작문시험

구분	출제방식 및 시간	평가기준	합격자의 영어구사능력	응시자격
Level 1	듣기 30문항(약 30분) 독해 및 어휘 70문항(60분) ■ 총 100문항(약 90분)	원어민에 준하는 영어실력 : 토론, 업무 가능	외국인과 대등하게 의사소통이 가능하고 통역이 가능한 수준	Level2 영역별 75점 이상 획득시
Level 2	문법 26문항(20분) 듣기 26문항(약 30분) 독해 및 어휘 28문항(40분) ■ 총 80문항(약 90분)	다양한 상황에서 대화 가능 : 해외연수 등이 가능	일상생활과 업무 등에서 큰 어려움 없이 의사소통하고 해외연수 등이 가능한 수준	제한 없음
Level 3	문법 22문항(20분) 듣기 24문항(약 20분) 독해 및 어휘 24문항(40분) ■ 총 70문항(약 80분)	의사소통을 간단히 할 수 있고 단순 대화 가능	외국인과 단순한 의사소통을 하고 해외여행이 가능한 수준	제한 없음
Level 4	문법 20문항(20분) 듣기 20문항(약 15분) 독해 및 어휘 20문항(25분) ■ 총 60문항(약 60분)	최소한의 의사소통이 가능	기초적인 어휘의 짧은 문장을 통해 최소한으로 의사소통할 수 있고 외국인이 반복해야 이해할 수 있는 수준	제한 없음
Level 5	문법 16문항(15분) 듣기 16문항(약 15분) 독해 및 어휘 18문항(25분) ■ 총 50문항(약 55분)	아주 초보적인 의사소통이 가능	초보자로 말이나 글로 표현은 어려운 수준	제한 없음

※ Level 2의 구성

구분	내용	문항 수 (80문항)	배점 (300점)	시간 (약 90분)
문법	가정법, 시제, 조동사, to부정사와 동명사, 접속사, 관계사	26문항	100점	영역별 시험시간 제한규정은 폐지
듣기	• 1파트: 개인적인 이야기 • 2파트: 특정한 행동의 진행을 설명하거나 특정 상품을 추천하는 공식적인 담화 • 3파트: 어떤 결정을 하려는 비공식적인 협상 등의 대화 • 4파트: 어떤 일의 진행과 과정에 대한 설명	7문항 6문항 7문항 또는 6문항 6문항 또는 7문항	100점	
독해와 어휘	• 1파트: 역사 속의 사건이나 현시대의 이야기 • 2파트: 최근 사회적으로 이슈가 되거나 기술적인 묘사에 초점을 맞춘 신문 등의 기사 • 3파트: 일반적인 내용의 백과사전 • 4파트: 어떤 것을 설명하거나 설득하는 상업서신	7문항 7문항 7문항 7문항	100점	

✓ 3 접수 방법 등

1) 시험접수

　G-TELP 접수는 온라인(g-telp.co.kr)에서 접수를 하거나 접수기간 내에 한국지텔프로 방문하여 카드로 결제하는 방문접수가 있다. 단, 방문접수는 토, 일, 공휴일에는 접수가 불가능하다. 응시료는 일반 기준 정기접수기간 금액이 60,300원, 추가접수기간 금액은 64,700원이고 신용카드 또는 계좌이체로 결제할 수 있다.

2) 시험준비물: 신분증, 컴퓨터용 사인펜, 수정테이프, 시계

　① 수험표는 별도로 준비하지 않아도 된다.
　② 컴퓨터용 사인펜으로 마킹해야 하며 연필은 사용할 수 없다.
　③ 마킹 수정 시, 수정테이프를 사용해야 하며 수정액은 사용할 수 없다.

3) 시험일정

　매월 2~3회 일요일, 오후 3시에 시험이 있고 일주일 내에 성적확인이 가능하다. 시험성적은 응시일로부터 2년까지 유효하다.

✓ 4 G-TELP 특장점

1) 문법/듣기/독해 및 어휘 3영역의 객관식 4지 선다형 시험으로서 학습에 대한 부담감이 다른 시험보다 적다.

2) 상대평가가 아닌 절대평가로서 수험생이 학습한 만큼 점수가 나온다. 이를 통해 수험생 자신의 강점과 약점을 정확하게 인식하고 학습목표를 잡을 수 있게 되어 학습효과를 극대화할 수 있다.

3) 다른 시험보다 성적확인이 빨라서 응시일로부터 일주일 이내 성적확인이 가능해 영어 공인점수를 획득할 수 있다.

※ 2주 완성 계획표

	문법	어휘
Day 1	Ch 1. 시제	Ch 1
Day 2	Ch 1. 시제 복습	Ch 2
Day 3	Ch 2. 가정법	Ch 3
Day 4	Ch 2. 가정법 복습	Ch 4
Day 5	Ch 3. 조동사	Ch 5
Day 6	Ch 3. 조동사 복습	Ch 6
Day 7	Ch 4. 준동사	Ch 7
Day 8	Ch 4. 준동사 복습	Ch 8
Day 9	Ch 5. 연결어	Ch 1-2. 복습
Day 10	Ch 5. 연결어 복습	Ch 3-4. 복습
Day 11	Ch 6. 관계사	Ch 5-6. 복습
Day 12	Ch 6. 관계사 복습	Ch 7-8. 복습
Day 13	Ch 1-3. 복습	Ch 1-4. 복습
Day 14	Ch 4-6. 복습	Ch 5-8. 복습

이 책의 구성

Chapter 01 / 시제

시제란 동사의 형태변화를 통해 나타나는 시간 관계의 표현이다. 지텔프에서는 진행형과 완료 진행형이 시험에 출제되고 있다. ━━❶

Tip
- 문항 수 : 6문항
- 출제 범위 : 현재진행 시제, 현재완료진행 시제, 과거진행 시제, 과거완료진행 시제, 미래진행 시제, 미래완료진행 시제
- 단서 : ① 현재, 과거, 미래를 나타내는 부사구, ② 절, 완료의 단서 since/for, ③ 빈칸 이외 다른 절의 시제 확인
- 주의할 점 : 기본형과 완료형은 단서에 따라 구분할 것

━━❷

기초 다지기
1. 현재진행 시제/현재완료진행 시제 ━━❸

01 Our immune system [has been trying / is trying] to kill numerous germs even now.

해설 now는 '지금'이라는 의미로 '~하고 있는 중이다'의 의미인 현재진행형과 쓸 수 있다.
해석 우리의 면역 체계는 심지어 지금도 엄청난 양의 세균들을 죽이려고 노력하고 있다.

실전 문제
1. 현재진행 시제/현재완료진행 시제

01 The Earth is warming because of the greenhouse effect, which is caused by fossil fuel emissions trapping heat in the atmosphere. This phenomenon _____ on for many years and is now happening at a faster rate. ━━❹

(a) went
(b) will go
(c) goes
(d) has been going

▶ YouTube 프리에듀

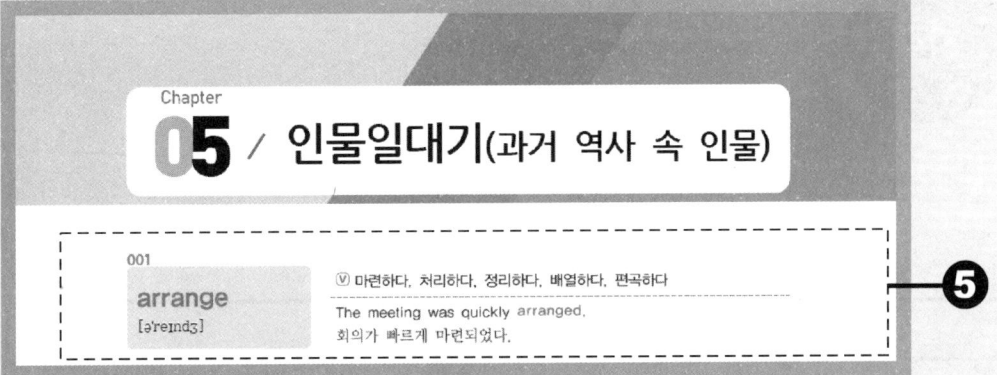

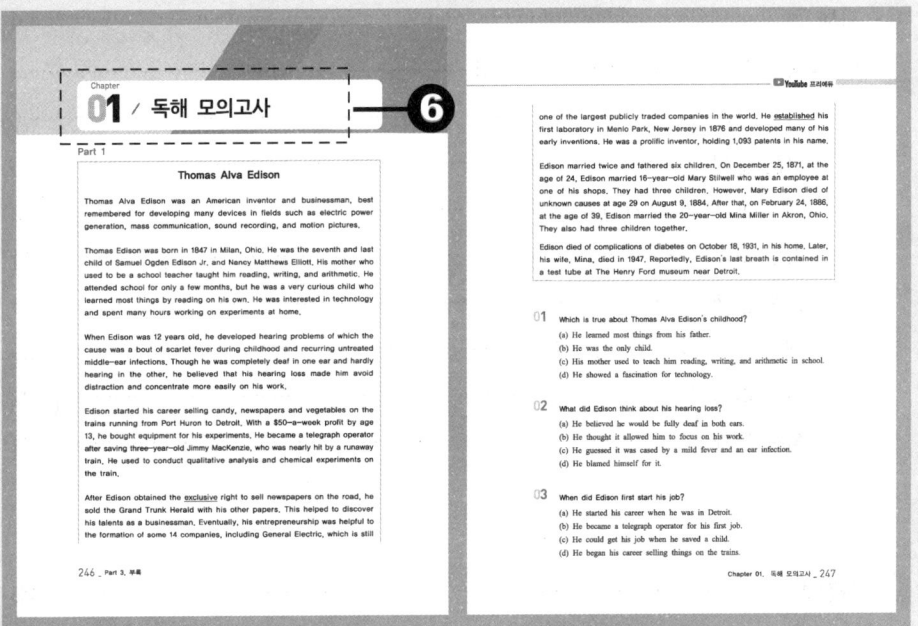

❶ 문법파트는 시험에 나오는 필수 이론을 중심으로 다루고 있다.

❷ 시험에 자주 나오는 내용은 Tip으로 정리하였다.

❸, ❹ 단원별로 기초 다지기 문제와 실전 문제를 구성하여 단계별로 문제를 풀며 단서를 찾고 이를 통해 응용력을 기를 수 있다.

❺ 어휘파트는 시험에 빈출되었던 필수어휘로 구성하고 예문을 통해 그 쓰임을 파악할 수 있다.

❻ 부록의 독해파트에서는 실전 수준의 문제를 접해보면서 실전감각을 키울 수 있다.

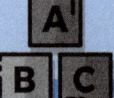
G-Telp Level 2

차례

Part 1. 문법

Chapter 01 시제 ··· 4
   1. 현재진행 시제/현재완료진행 시제 ·· 4
      ◆ 기초 다지기 ··· 6
      ◆ 실전 문제 ··· 8
   2. 과거진행 시제/과거완료진행 시제 ·· 12
      ◆ 기초 다지기 ·· 14
      ◆ 실전 문제 ·· 16
   3. 미래진행 시제/미래완료진행 시제 ·· 20
      ◆ 기초 다지기 ·· 22
      ◆ 실전 문제 ·· 24

Chapter 02 가정법 ·· 28
   1. 가정법 과거 ·· 28
      ◆ 기초 다지기 ·· 30
      ◆ 실전 문제 ·· 32
   2. 가정법 과거완료 ·· 36
      ◆ 기초 다지기 ·· 37
      ◆ 실전 문제 ·· 39

Chapter 03 조동사 ·· 43
   1. 의미상 필요한 조동사 ·· 43
      ◆ 기초 다지기 ·· 46
      ◆ 실전 문제 ·· 48
   2. should 생략 ·· 52
      ◆ 기초 다지기 ·· 53
      ◆ 실전 문제 ·· 55

Chapter 04 준동사 ·· 59
   1. to부정사 or 동명사를 목적어로 취하는 동사 ·· 59
      ◆ 기초 다지기 ·· 61
      ◆ 실전 문제 ·· 63
   2. to부정사와 동명사를 목적어로 취하는 동사들 ···································· 66
      ◆ 기초 다지기 ·· 67
      ◆ 실전 문제 ·· 69
   3. to부정사를 목적격 보어로 취하는 동사, 관용표현 ······························ 73
      ◆ 기초 다지기 ·· 77
      ◆ 실전 문제 ·· 79
   4. to부정사의 역할 ·· 82
      ◆ 기초 다지기 ·· 83
      ◆ 실전 문제 ·· 85
   5. 동명사의 역할 ·· 89
      ◆ 기초 다지기 ·· 90
      ◆ 실전 문제 ·· 92

Chapter 05 연결어 ·· 96
    1. 접속사와 전치사 ··· 96
        ◆기초 다지기 ·· 100
        ◆실전 문제 ·· 102
    2. 접속부사 ·· 106
        ◆기초 다지기 ·· 109
        ◆실전 문제 ·· 111

Chapter 06 관계사 ·· 115
    1. 관계대명사 ··· 115
        ◆기초 다지기 ·· 117
        ◆실전 문제 ·· 119
    2. 관계부사 ··· 122
        ◆기초 다지기 ·· 123
        ◆실전 문제 ·· 125

Part 2. 어휘

Chapter 01 일상대화(개인적 이야기 경험담) ··· 132

Chapter 02 발표(특정 주제) ··· 146

Chapter 03 장단점 논의(비공식적 협상, 대화) ··· 160

Chapter 04 설명(일반적 일의 진행, 과정) ··· 173

Chapter 05 인물일대기(과거 역사 속 인물) ·· 187

Chapter 06 잡지기사(사회적, 기술적 묘사) ·· 201

Chapter 07 지식백과(일반적 내용의 백과사전) ···································· 215

Chapter 08 비즈니스 편지(설명 또는 설득하는 상업서신) ······················ 229

Part 3. 부록

Chapter 01 독해 모의고사 ·· 246
- Part 1 ··· 246
- Part 2 ··· 249
- Part 3 ··· 252
- Part 4 ··· 255

Chapter 02 정답 및 해설 ·· 258
- Part 1 인물의 일대기 ·· 258
- Part 2 잡지 기사 ··· 265
- Part 3 지식 백과 ··· 271
- Part 4 비즈니스 편지 ·· 277

G-Telp Level 2

1 문법 파트

- 문항수 : 26문항
- 소요시간 : 20분
- 점수 : 100점

2 문법 출제 경향

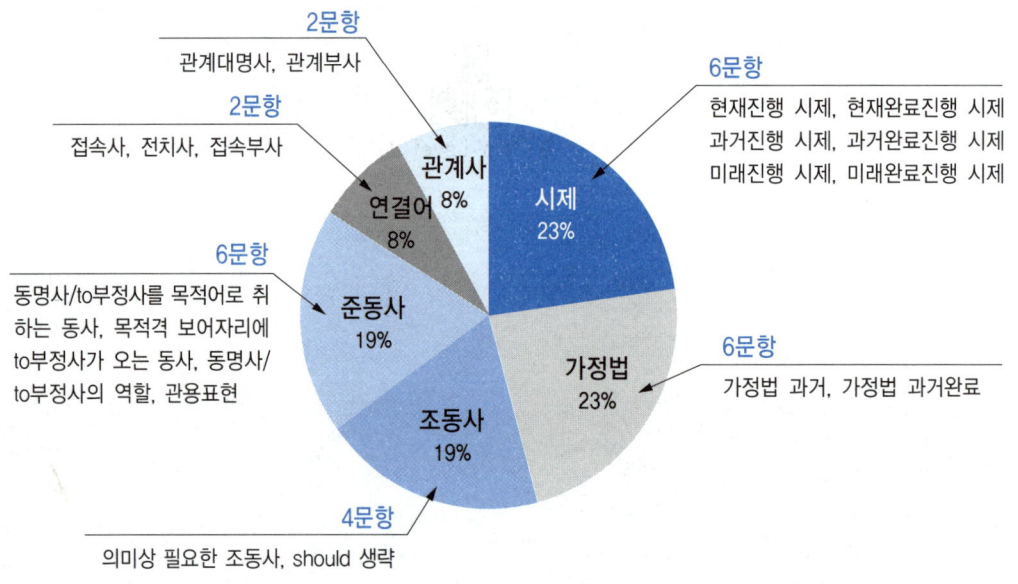

2문항
관계대명사, 관계부사

2문항
접속사, 전치사, 접속부사

6문항
동명사/to부정사를 목적어로 취하는 동사, 목적격 보어자리에 to부정사가 오는 동사, 동명사/to부정사의 역할, 관용표현

4문항
의미상 필요한 조동사, should 생략

6문항
현재진행 시제, 현재완료진행 시제
과거진행 시제, 과거완료진행 시제
미래진행 시제, 미래완료진행 시제

6문항
가정법 과거, 가정법 과거완료

G-Telp
Level 2

PART 1

문법

Chapter 01 시제
Chapter 02 가정법
Chapter 03 조동사
Chapter 04 준동사
Chapter 05 연결어
Chapter 06 관계사

Chapter 01 / 시제

시제란 동사의 형태변화를 통해 나타나는 시간 관계의 표현이다. 지텔프에서는 진행형과 완료진행형이 시험에 출제되고 있다.

🔍 Tip

- 문항 수 : 6문항
- 출제 범위 : 현재진행 시제, 현재완료진행 시제, 과거진행 시제, 과거완료진행 시제, 미래진행 시제, 미래완료진행 시제
- 단서 : ① 현재, 과거, 미래를 나타내는 부사구/절, ② 완료의 단서 since/for, ③ 빈칸 이외 다른 절의 시제 확인
- 주의할 점 : 기본형과 완료형은 단서에 따라 구분할 것

1 현재진행 시제/현재완료진행 시제

시제	현재진행형	현재완료진행형
형태	am, are, is + -ing	have, has been + -ing
예문	I am studying English. 나는 영어공부를 하고 있는 중이다.	I have been studying English. 나는 영어공부를 해 왔고 지금까지도 하고 있는 중이다.

1 현재진행형

❶ 형식 : am, are, is + -ing
❷ 의미 : ~하고 있는 중이다
❸ 단서

- now (지금)
- currently (현재)
- these days/nowadays (요즘)
- right now (당장)
- at the moment (지금 이 순간)

e.g. I **am hanging** out with some friends **right now**.
나 지금 친구들이랑 시간을 보내고 있는 중이야.
She **is having** dinner **now**.
그녀는 지금 저녁을 먹고 있어.

2 현재완료진행형

❶ 형식 : have, has been + -ing
❷ 의미 : ~해오고 있는 중이다
❸ 단서 : 현재 단서(필수는 아님) + 완료 단서

> 현재 단서 - now (지금)
>   currently/lately (현재, 최근에)
>   at the moment (지금 이 순간)
> 완료 단서 - (ever) since 주어 + 과거동사/since 과거 시점 (~이래로)
>   for 기간 (~동안)

e.g. She **has been watching** TV **for 3 hours now**.
그녀는 지금까지 TV를 3시간째 보고 있는 중이다.
I **have been looking** for a job **since last month**.
나는 지난달 이래로 계속 일자리를 찾고 있는 중이다.

기초 다지기

1. 현재진행 시제/현재완료진행 시제

01 Our immune system [has been trying / is trying] to kill numerous germs even now.

해설 now는 '지금'이라는 의미로 '~하고 있는 중이다'의 의미인 현재진행형과 쓸 수 있다.
해석 우리의 면역 체계는 심지어 지금도 엄청난 양의 세균들을 죽이려고 노력하고 있다.

02 He [is teaching / has been teaching] English in this school for more than 15 years now.

해설 '지금'을 의미하는 now와 '~동안'을 의미하는 for가 현재완료진행 시제의 단서이다.
해석 그는 지금 15년 이상 이 학교에서 영어를 가르치고 있는 중이다.

03 He [experiences / is experiencing] dissatisfaction with his job right now.

해설 right now는 '지금 당장'이라는 의미로 '~하고 있는 중이다'의 의미인 현재진행형과 쓸 수 있다.
해석 지금 당장 그는 자기 일에서 많은 불만을 경험하고 있는 중이다.

04 The phone [is ringing / has been ringing] for almost five minutes now.

해설 '지금'을 의미하는 now와 '~동안'을 의미하는 for가 현재완료진행 시제의 단서이다.
해석 전화가 지금 거의 오분 째 울리고 있는 중이다.

>>> 정답
01 is trying   02 has been teaching
03 is experiencing   04 has been ringing

05 We [undertook / are undertaking] a review of the recruitment and career opportunities currently.

해설 currently는 '현재'라는 의미로 '~하고 있는 중이다'의 의미인 현재진행형과 쓸 수 있다.
해석 우리는 현재 취업 기회들과 신규채용 검토를 착수하고 있는 중이다.

06 She [is now taking / has now been taking] care of her father since he got sick.

해설 '지금'을 의미하는 now와 '~이래로'를 의미하는 since가 현재완료진행 시제의 단서이다.
해석 그녀는 아버지가 아픈 이래로 아버지의 병 수발을 지금 들고 있는 중이다.

07 The supply [is meeting / had met] the demand at the moment.

해설 at the moment는 '지금 이 순간'이라는 의미로 '~하고 있는 중이다'의 의미인 현재진행형과 쓸 수 있다.
해석 지금 이 순간 공급이 수요를 충족시키고 있는 중이다.

08 Certainly the U.S. economy [now stagnates / has now been stagnating] since the Great Depression.

해설 '지금'을 의미하는 now와 '~이래로'를 의미하는 since가 현재완료진행 시제의 단서이다.
해석 확실히 미국 경제는 지금 대공황 이래로 침체되고 있는 중이다.

≫ 정답

05 are undertaking	06 has now been taking
07 is meeting	08 has now been stagnating

실전 문제

1. 현재진행 시제/현재완료진행 시제

01 The Earth is warming because of the greenhouse effect, which is caused by fossil fuel emissions trapping heat in the atmosphere. This phenomenon _____ on for many years and is now happening at a faster rate.

(a) went
(b) will go
(c) goes
(d) has been going

02 The volcano _____ carbon dioxide and steam into the air rather than magma and ash, according to the National Weather Service.

(a) had now belched
(b) is now belching
(c) will now belch
(d) had now been belching

03 We cannot forecast when this rainy season will finally be over. It _____ for a week and the road must be in very bad condition now.

(a) will rain
(b) has been raining
(c) had rained
(d) was raining

04 Many governments around the world _____ tax exemptions and various incentives to the people who want to buy electric vehicles that are eco-friendly.

(a) had currently offered
(b) were currently offering
(c) are currently offering
(d) will currently offer

05 We all believe what the researchers _____ us for years now that this is a matter of national security, and it has to be dealt with in a serious way.

(a) have been telling
(b) told
(c) had told
(d) will tell

06 Membership of the club has dwindled from 100 to 70, so we _____ new ways of expanding our membership at the moment. The committee will debate whether to lower the age of club membership to 18.

(a) sought
(b) are seeking
(c) will seek
(d) had sought

정답 및 해설

01 (d) has been going

해설 '지금'을 의미하는 now와 '~동안'을 의미하는 for가 현재완료진행 시제의 단서이다.

해석 지구는 온실효과 때문에 따뜻해지고 있다. 그 온실효과는 대기중에 열을 가두는 화석연료 배출에 의해 일어난다. 이 현상은 수년간 지속되어 오는 중이고 지금 더 빠른 속도로 일어나고 있다.

어휘 ☐ greenhouse effect 온실효과 ☐ fossil fuel 화석연료 ☐ emission 배출
☐ atmosphere 대기 ☐ phenomenon 현상

02 (b) is now belching

해설 now는 '지금'이라는 의미로 '~하고 있는 중이다'의 의미인 현재진행형과 쓸 수 있다.

해석 기상청에 따르면 그 화산은 마그마와 재보다는 이산화탄소와 수증기를 대기 중으로 지금 분출하고 있는 중이다.

어휘 ☐ belch 분출하다 ☐ carbon dioxide 이산화탄소 ☐ steam 수증기 ☐ magma 마그마
☐ ash 재 ☐ the National Weather Service 기상청

03 (b) has been raining

해설 '지금'을 의미하는 now와 '~동안'을 의미하는 for가 현재완료진행 시제의 단서이다.

해석 우리는 이 장마기간이 언제 마침내 끝날지 예측할 수 없다. 비가 일주일째 오는 중이고 길은 지금 아주 좋지 않은 상태임이 틀림없다.

어휘 ☐ forecast 예측하다 ☐ rainy season 장마기간

04 (c) are currently offering

해설 currently는 '현재'라는 의미로 '~하고 있는 중이다'의 의미인 현재진행형과 쓸 수 있다.

해석 세계의 많은 정부들은 친환경적인 전기차를 구매하길 원하는 사람들에게 현재 세금 면제와 다양한 장려금을 제공하고 있는 중이다.

어휘 ☐ government 정부 ☐ tax exemption 세금 면제 ☐ various 다양한 ☐ incentive 장려금
☐ electric vehicle 전기차 ☐ eco-friendly 친환경적인

05 (a) have been telling

해설 다른 문장의 시제가 현재시제이고, 완료의 단서 'for'가 있으므로 현재완료진행시제가 적절하다.

해석 우리는 연구자들이 지금 수년 동안 말해온 것을 믿는데, 이것은 긴급국가의 안전에 관한 문제이고 진지한 방법으로 다뤄야만 한다.

어휘 ☐ national 국가의 ☐ security 안전 ☐ serious 진지한

≫ 정답 및 해설

06 (b) are seeking

해설 at the moment는 '지금 이 순간'이라는 의미로 '~하고 있는 중이다'의 의미인 현재진행형과 쓸 수 있다.

해석 이 클럽의 회원이 100명에서 70명으로 줄었고, 그래서 우리는 현재 회원 확충을 위한 새로운 방법들을 모색하고 있다. 위원회에서 클럽 회원 자격 연령을 18세로 낮출 것인지를 논의할 것이다.

어휘 ☐ dwindle 줄어들다 ☐ seek 찾다 ☐ expand 확장하다 ☐ debate 토론하다

2 과거진행 시제/과거완료진행 시제

시제	과거진행형	과거완료진행형
형태	was, were + -ing	had been + -ing
예문	I was studying English. 나는 영어공부를 하고 있는 중이었다.	I had been studying English. 나는 영어공부를 과거부터 한 과거 시점까지 계속하고 있는 중이었다.

1 과거진행형

❶ 형식 : was, were + -ing
❷ 의미 : ~하고 있는 중이었다
❸ 단서 : When 주어 + 과거동사, 주어 + 과거진행동사
 (~했을 때 ~하고 있는 중이었다)
 While 주어 + 과거진행동사, 주어 + 과거동사 (~하는 동안에 ~했다)

> • ~ago (~전에)
> • last (지난)
> • yesterday (어제)

e.g. The wind **was blowing when** I **was outside**.
내가 밖에 있었을 때 바람이 불고있는 중이었다.
While he **was waiting for me**, I **fell** asleep.
그가 나를 기다리는 동안 나는 잠에 들었다.

2 과거완료진행형

❶ 형식 : had been + -ing
❷ 의미 : ~해오고 있는 중이었다
❸ 단서 : 과거 단서 + 완료 단서

> 과거 단서 – when 주어 + 과거동사 (~했을 때)
>   before 주어 + 과거동사 (~하기 전에)
>   until 주어 + 과거동사 (~했을 때까지)
>   by the time 주어 + 과거동사 (~했을 때 쯤)
>   ~ago (~전에)
>   last (지난)
>   yesterday (어제)
> 완료 단서 – (ever) since 주어 + 과거동사 / since 과거 시점 (~이래로)
>   for 기간 (~동안)

e.g. I **had been talking** to him for 10 minutes **when** you **texted me**.
네가 나에게 문자했을 때 나는 그에게 10분째 이야기하는 중이었다.
She **had been using** the phone **since 2019 before** she **bought** the new one.
새로운 폰을 사기 전에 2019년 이래로 그녀는 그 폰을 계속 사용하고 있었다.

기초 다지기

2. 과거진행 시제/과거완료진행 시제

01 The association [had been making / was making] efforts to rectify the defect since 2000 before it got worse.

해설 before절 안에 과거시제가 왔고, since는 '이래로'라는 의미이므로 과거완료진행 시제 '~~해오고 있는 중이었다'가 적절하다.

해석 그 협회는 2000년 이래로 결점이 악화되기 전에 바로잡기 위한 노력을 기울여왔다.

02 While I [was climbing / had climbed] the mountain yesterday, I sprained my ankle.

해설 주절의 동사가 과거시제이고 while은 '~동안'이라는 의미이므로 과거진행 시제 '~하고 있는 중이었다'가 적절하다.

해석 어제 등산하다가 발목을 삐었어요.

03 Even when the company's financial position was at stake, she [had been concentrating / has been concentrating] on her project for a month.

해설 when절 안에 과거시제가 왔고, for는 '~동안'이라는 의미이므로 과거완료진행 시제 '~해오고 있는 중이었다'가 적절하다.

해석 그 회사의 재정상태가 위태로웠을 때 조차도 그녀는 한 달 동안 그녀의 일에 집중해왔다.

04 The patient [had been undergoing / was undergoing] chemotherapy for lung cancer since last year before I met him.

해설 before절 안에 과거시제가 왔고, since는 '이래로'라는 의미이므로 과거완료진행 시제 '~해오고 있는 중이었다'가 적절하다.

해석 이 환자는 내가 만나기 전에 작년부터 폐암에 대한 화학 치료를 받아왔다.

》》정답

01 had been making   02 was climbing
03 had been concentrating   04 had been undergoing

05 She got energy on stage while she [was interacting / is interacting] with the audience.

[해설] 주절의 동사가 과거시제이고 while은 '~동안'이라는 의미이므로 과거진행 시제 '~하고 있는 중이었다'가 적절하다.

[해석] 그녀는 청중들과 상호작용을 하는 동안 무대에서 에너지를 얻는다.

06 John and Jane [has been dating / had been dating] since 2020 before they got married.

[해설] before절 안에 과거시제가 왔고, since는 '이래로'라는 의미이므로 과거완료진행 시제 '~해오고 있는 중이었다'가 적절하다.

[해석] 존과 제인은 그들이 결혼하기 전에 2020년부터 데이트를 해왔다.

07 When he was offered a second project, he [was working / is working] on a research project on water resource conservation.

[해설] when절 안의 동사가 과거시제이고 그때 당시 '~하고 있는 중이었다'는 의미이므로 과거진행형이 적절하다.

[해석] 그가 두 번째 프로젝트를 제안받았을 때 그는 수자원 보호에 관한 연구 프로젝트를 진행하고 있었다.

08 One of the participants who [had been smoking / was smoking] since the age of 18 said that the picture definitely made him want to quit smoking.

[해설] 주절과 that절 안에 과거시제가 왔고, since는 '이래로'라는 의미이므로 관계사절 안에는 과거완료진행 시제 '~해오고 있는 중이었다'가 적절하다.

[해석] 18세 이래로 담배를 펴온 참여자들 중 한 명이 그 사진은 정말 그가 담배를 끊고 싶게 만들었다고 말했다.

》》 정답

05 was interacting   06 had been dating
07 was working   08 had been smoking

실전 문제

2. 과거진행 시제/과거완료진행 시제

01 As the drama got renowned, the cast of the drama became popular. Many reporters and photographers _____ for the actors and actresses of the drama since early morning even before they arrived.

(a) waited
(b) had been waiting
(c) are waiting
(d) has waited

02 People sweated while they _____ so they had to drink more water or other liquid substances to replace excessive water loss.

(a) were exercising
(b) exercise
(c) had been exercising
(d) would exercise

03 Last Saturday, a woman was missing after the explosion. Rescue workers _____ for the missing woman for an hour before she lost consciousness.

(a) was searching
(b) searched
(c) had been searching
(d) has been searching

04 When we had the class meeting, a few students _____ about stacking books on their desks, which led the school to come up with a new rule that did not allow students to leave things on desks.

(a) complain
(b) were complaining
(c) is complaining
(d) have complained

05 Last night, there was a problem with the water pipe and all rescue workers had to be dispatched. A part of the pipe _____ for a long time and it exploded when it could not cope with the pressure anymore.

(a) had been rusting
(b) has been rusting
(c) is rusting
(d) was rusting

06 Several inspection agencies looked the other way, while suppliers _____ faulty parts. Three out of 10 companies were providing products that did not meet the safety law standards.

(a) will have provided
(b) has provided
(c) is providing
(d) were providing

정답 및 해설

01 (b) had been waiting

해설 before절 안에 과거시제가 왔고, for는 '~동안에'라는 의미이므로 과거완료진행 시제 '~해오고 있는 중이었다'가 적절하다.

해석 이 드라마가 유명해지면서, 이 드라마의 출연진들은 인기를 얻었다. 많은 기자와 사진작가들이 이른 아침부터 그 드라마의 출연진이 도착하기도 전에 기다리고 있는 중이었다.

어휘 □ renowned 유명한 □ popular 인기 있는 □ actor 남배우 □ actress 여배우

02 (a) were exercising

해설 주절의 동사가 과거시제이고 while은 '~동안'이라는 의미이므로 과거진행 시제 '~하고 있는 중이었다'가 적절하다.

해석 사람들은 운동하면서 땀을 흘렸다. 그래서 지나친 수분 손실을 대체하기 위하여 더 많은 물이나 다른 액체를 마셔야 할 필요가 있었다.

어휘 □ sweat 땀나다 □ exercise 운동하다 □ liquid 액체 □ substance 물질
□ replace 대체하다 □ excessive 지나친 □ loss 손실

03 (c) had been searching

해설 before절 안에 과거시제가 왔고, for는 '~동안에'라는 의미이므로 과거완료진행 시제 '~해오고 있는 중이었다'가 적절하다.

해석 지난 토요일 한 여성이 폭발 후에 실종됐다. 구조대원들은 그녀가 의식을 잃기 전에 그 사라진 여성을 한 시간째 찾고 있었다.

어휘 □ missing 실종된 □ explosion 폭발 □ Rescue worker 구조대원 □ consciousness 의식

04 (b) were complaining

해설 when절 안의 동사가 과거시제이고 그때 당시 '~하고 있는 중이었다'는 의미이므로 과거진행형이 적절하다.

해석 우리가 학급회의를 할 때 몇몇의 학생들은 책상에 책을 쌓아두는 것에 대해 불평했었는데, 이것은 학교가 학생들에게, 책상에 물건들을 놓아두는 것을 허용하지 않는 새로운 규정을 마련하도록 이끌었다.

어휘 □ stack 쌓다 □ come up with 떠올리다

>>> 정답 및 해설

05 (a) had been rusting

해설 when절 안에 과거시제가 왔고, for는 '~동안에'라는 의미이므로 과거완료진행 시제 '~해오고 있는 중이었다'가 적절하다.

해석 지난밤에 수도관에 문제가 생겨 모든 구조대원들이 출동해야 했다. 파이프의 용접된 부위가 오랫동안 녹슬어온 것 같고, 더는 압력을 견딜 수 없을 때 터졌다.

어휘 □ water pipe 수도관 □ rescue worker 구조대원 □ dispatch 보내다 □ rust 녹슬다
□ explode 폭발하다 □ pressure 압력

06 (d) were providing

해설 주절의 동사가 과거시제이고 while은 '~동안'이라는 의미이므로 과거진행 시제 '~하고 있는 중이었다'가 적절하다.

해석 몇몇 검사 기관들은 공급자들이 불량부품 납품을 하는 동안 못 본 체했다. 업체 10곳 중에 3곳이 안전법 기준에 미달되는 상품을 제공하고 있었다.

어휘 □ inspection 검사 □ look the other way 못 본 체하다 □ supplier 공급자
□ faulty 결함 있는 □ meet 충족시키다 □ safety 안전 □ standard 기준

③ 미래진행 시제/미래완료진행 시제

시제	현재진행형	현재완료진행형
형태	will be + -ing	will have been + -ing
예문	I will be studying English. 나는 영어공부를 하고 있을 것이다.	I will have been studying English. 나는 영어공부를 미래 어떤 시점까지도 계속하고 있을 것이다.

1 미래진행

❶ 형식 : will be + -ing
❷ 의미 : ~하고 있는 중일 것이다
❸ 단서

- tomorrow (내일)
- next ~ (다음)
- by + 미래시점 (~까지)
- by the time 주어 + 현재동사 (~할 무렵)
- if 주어 + 현재동사 (만약)
- when 주어 + 현재동사 (~할 때)
- until 주어 + 현재동사 (~까지)

e.g. I will be studying English when you get home.
네가 집에 올 때 나는 영어공부를 하고 있을거야.
The bus will be coming by the time you get there.
네가 거기 도착할 때 쯤에 버스가 오고 있을거야.

2 미래완료진행형

❶ 형식 : will have been + -ing
❷ 의미 : ~해오고 있는 중일 것이다.
❸ 단서 : 미래 단서 + 완료 단서

> 미래 단서
> - tomorrow (내일)
> - by + 미래시점 (~까지)
> - if 주어 + 현재동사 (만약)
> - until 주어 + 현재동사 (~까지)
> - next ~ (다음)
> - by the time 주어 + 현재동사 (~할 무렵)
> - when 주어 + 현재동사 (~할 때)
> - before 주어 + 현재동사 (~전에)
>
> 완료 단서 – (ever) since 주어 + 과거동사 / since 과거시점 (~이래로)
> for 기간 (~동안)

e.g. I will have been living here for three years next month.
나는 다음달이면 여기서 산 지 3년이 된다.

She will have been eating vegetables for 5 weeks by next Thursday.
다음 목요일쯤이면 그녀가 채식을 한 지 5주가 된다.

기초 다지기

3. 미래진행 시제/미래완료진행 시제

01 We [will be setting up / has set] a food truck zone on the street when many tourists visit the tourist spot.

> 해설) when절 안에 현재시제가 왔고 주절의 의미는 미래의 의미이므로 '~하고 있는 중일 것이다'의 의미인 미래진행 시제가 적절하다.
>
> 해석) 많은 여행객들이 그 여행지를 방문할 때 우리는 푸드트럭존을 길거리에 준비할 것이다.

02 According to the institution, the turnout in the Republic of Korea [will decline / will have been declining] for decades until next year.

> 해설) 미래시제에 대한 단서로 until next year가 있고, for는 '~동안에'라는 의미이므로 미래완료진행 시제 '~하고 있는 중일 것이다'가 적절하다.
>
> 해석) 이 기관에 따르면, 대한민국의 투표율은 내년까지 수십 년 동안 하락할 것이라고 한다.

03 A driver [was waiting / will be waiting] for you in front of the international arrivals gate by the time you arrive.

> 해설) by the time 뒤에 현재시제가 왔고 주절의 의미는 미래의 의미이므로 '~하고 있는 중일 것이다'의 의미인 미래진행 시제가 적절하다.
>
> 해석) 네가 도착할 때 쯤 운전기사가 국제선 도착 출구 앞에서 기다리고 있을 것이다.

04 By next year, I [will write / will have been writing] a book for 3 years.

> 해설) 미래시제에 대한 단서로 by next year가 있고, for는 '~동안에'라는 의미이므로 미래완료진행 시제 '~하고 있는 중일 것이다'가 적절하다.
>
> 해석) 나는 내년이 되면 3년째 책을 쓰고 있는 중일 것이다.

≫ 정답

01 will be setting up   02 will have been declining
03 will be waiting   04 will have been writing

05
Later this afternoon we [will be discussing / have discussed] further refinements of these legal rules.

해설 later는 '나중에'의 의미이므로 아직 일어나지 않은 일이니 미래관련 시제와 함께 쓰는 것이 적절하다. 따라서 미래진행 시제가 답이다.

해석 오늘 오후에 우리는 이러한 법 집행의 개선에 대해 논의할 것이다.

06
She [will have been sleeping / had been sleeping] for four hours when he gets home.

해설 when절 안에 미래의미를 내포하는 현재시제가 있고, for는 '~동안에'라는 의미이므로 미래완료 진행시제 '~하고 있는 중일 것이다'가 적절하다.

해석 그가 집에 도착할 때 그녀는 4시간 째 자고 있는 중일 것이다.

07
I want to remind all of you that the vice president [will be giving / has been giving] a presentation tomorrow afternoon in Conference Room 101.

해설 tomorrow는 '내일'의 의미이므로 아직 일어나지 않은 일이니 미래관련 시제와 함께 쓰는 것이 적절하다. 따라서 미래진행 시제가 답이다.

해석 부사장님께서 내일 오후 101번 회의실에서 프레젠테이션을 하실 예정임을 숙지하시기 바랍니다.

08
I [will have been asking / would ask] fifty questions for a week if I ask him one more time.

해설 if절 안에 미래의미를 내포하는 현재시제가 있고, for는 '~동안에'라는 의미이므로 미래완료진행 시제 '~하고 있는 중일 것이다'가 적절하다.

해석 내가 만약 그에게 한 번만 더 묻는다면 일주일 동안 50개의 질문을 하고 있는 중일 것이다.

》》 정답

05 will be discussing   06 will have been sleeping
07 will be giving   08 will have been asking

실전 문제

01 When the International Forum is held, Dr. Kim of the National Institute for Linguistics _____ archaeological and linguistic evidence for the etymology of languages used in modern society.

(a) was presenting
(b) had presented
(c) will be presenting
(d) has been presenting

02 The number of young people who do not want to get married has been gradually increasing. This number _____ further for 5 years by the following year.

(a) will increase
(b) increase
(c) will have been increasing
(d) has been increasing

03 Our flight attendants _____ complimentary beverage service once we are airborne. If you have any questions about our flight today, please don't hesitate to ask one of our flight attendants.

(a) will be providing
(b) has been providing
(c) had provided
(d) will have been providing

04 Unemployment has been a serious social problem and many people have recently lost their jobs. They _____ at job openings for months until they find a better job.

(a) will have been looking
(b) will look
(c) had been looking
(d) were looking

05 Regretfully, the item you ordered last week was not shipped on the expected date due to the inexact address you gave us. Thus, we _____ you this week to get the correct address.

(a) had been contacting
(b) has contacted
(c) contact
(d) will be contacting

06 The international conference is a good place to share information and exchange ideas. Professor Lee _____ in this conference for 10 years if he takes part in the meeting this year.

(a) will participate
(b) will have been participating
(c) had been participating
(d) participate

≫ 정답 및 해설

01 (c) will be presenting

해설 when절 안에 현재시제가 왔고 주절의 의미는 미래의 의미이므로 '~하고 있는 중일 것이다'의 의미인 미래진행 시제가 적절하다.

해석 국제포럼이 열릴 때 국립언어학 연구소의 김 박사는 현대 사회에서 사용되는 언어들의 어원에 대한 고고학 및 언어학적인 증거에 대해 이야기할 것이다.

어휘 □ archaeological 고고학의 □ linguistic 언어학의 □ evidence 증거 □ etymology 어원
□ languages 언어

02 (c) will have been increasing

해설 다음해가 되면 5년째 증가하고 있는 중일 것이다고 했으므로 미래완료진행 시제가 적절하다.

해석 결혼을 원하지 않는 젊은 사람들의 수가 점차 증가해왔다. 이 숫자는 다음해가 되면 5년째 더 증가하고 있는 중일 것이다.

어휘 □ gradually 점차적으로 □ further 더욱이

03 (a) will be providing

해설 once절 안에 현재시제가 왔고 주절의 의미는 미래의 의미이므로 '~하고 있는 중일 것이다'의 의미인 미래진행 시제가 적절하다.

해석 비행기가 정상궤도에 이르게 되면 승무원들이 무료 음료를 제공해 드릴 것입니다. 오늘 비행에 대해 질문이 있으면 언제든 우리 승무원들에게 주저하지 말고 물어보세요.

어휘 □ flight attendant 승무원 □ complimentary 무료의 □ beverage 음료
□ airborne 하늘에 떠 있는 □ hesitate 주저하다

04 (a) will have been looking

해설 until절 안에 미래의미를 내포하는 현재시제가 있고, for는 '~동안에'라는 의미이므로 미래완료진행 시제 '~하고 있는 중일 것이다'가 적절하다.

해석 실직은 심각한 사회적 문제가 되어 왔고 많은 사람들은 최근에 그들의 직업을 잃었다. 그들은 더 나은 직업을 찾을 때까지 몇 달 동안 계속 구인광고를 보고 있는 중일 것이다.

어휘 □ unemployment 실직 □ serious 심각한 □ social 사회적인 □ recently 최근에
□ job openings 구인광고

05 (d) will be contacting

해설 this week은 '이번 주'라는 의미이고 아직 일어나지 않은 미래상황을 말하고 있으므로 미래진행 시제가 적절하다.

해석 유감스럽게도 당신이 기입한 잘못된 주소 때문에 귀하께서 지난주에 주문하신 물품이 예상된 날짜에 발송되지 못했습니다. 그래서 우리는 정확한 주소를 받기 위해 이번 주에 당신에게 연락할겁니다.

어휘 □ regretfully 유감스럽게도 □ inexact 부정확한

정답 및 해설

06 (b) will have been participating

해설 if절 안에 미래의미를 내포하는 현재시제가 있고, for는 '~동안에'라는 의미이므로 미래완료진행시제 '~하고 있는 중일 것이다'가 적절하다.

해석 국제회의는 정보를 공유하고 아이디어를 교환하기 좋은 장소이다. 이 교수는 올해 이 학회에 참여하면 10년째 학회에 참여하고 있는 중일 것이다.

어휘 ☐ international 국제적인 ☐ conference 회의 ☐ share 공유하다 ☐ exchange 교환하다 ☐ participate 참여하다 ☐ take part 참여하다

Chapter 02 / 가정법

가정법은 If절 속의 시제의 형태를 보고 만든 이름이다. 가정법은 **사실과 반대되는 가정**을 나타낼 때 쓰이며 동사의 시제에 따라 의미가 달라진다. 지텔프에서는 가정법 과거와 가정법 과거완료가 시험에 출제되고 있다.

Tip

- 문항 수 : 6문항
- 출제 범위 : 가정법 과거, 가정법 과거완료
- 단서 : 주절이나 if절 안의 동사 시제를 확인할 것
- 주의할 점 : ① If절 안에서 과거형 조동사가 나오기도 함
  ② If가 생략되고 주어와 동사가 도치될 수 있음

1 가정법 과거

1 가정법 과거

가정법 과거는 **현재사실과 반대되는 가정**을 나타낼 때 쓴다. if절 안의 **일반동사**는 **과거형태**를 취하며 **be동사**는 원칙상 **were**로 쓴다.

❶ 형식 : If + S + 과거동사, S + 조동사의 과거형 (would/should/could/might) + 동사원형

❷ 의미 : ~ 라면, ~ 할 텐데 (현재사실의 반대)

e.g. If I **were** a bird, I **would fly** to you.
내가 새라면 나는 너에게 날아갈 텐데.
If he **had** enough money, he **could buy** the car.
그가 충분한 돈이 있다면 그는 그 차를 살 수 있을 텐데.

2 if의 생략과 도치

가정법 과거문장에서 if절에 be동사가 있는 경우 if가 생략되고 주어와 동사자리를 도치시켜 쓸 수 있다.

- If S were → Were S

e.g. If she **were** in my shoes, she would not do that.
→ **Were** she in my shoes, she would not do that.
그녀가 내 입장이라면 그렇게 안할 텐데.

기초 다지기

1. 가정법 과거

01 If I [am / were] not busy, I would help him.

해설 가정법 과거문장이므로 be동사의 과거시제 were를 쓴다.
해석 내가 바쁘지 않으면 그를 도울 텐데.

02 I [would / had] never forgive myself if he heard the truth from someone else.

해설 가정법 과거문장이므로 주절에는 조동사의 과거형이 온다.
해석 그가 그 사실을 다른 사람으로부터 들으면 나는 절대 나 스스로를 용서 못 할 것이다.

03 [If / Were] she happy, she would not act like that.

해설 If she were happy 가정법 과거문장에서 if가 생략되고 주어와 동사가 도치된 문장으로 Were she happy가 된다.
해석 그녀가 행복하다면 그렇게 행동 안 할 텐데.

04 If people [fall / fell] on hard times, they would most likely turn to their family for help.

해설 가정법 과거문장이므로 fall의 과거시제인 fell을 쓴다.
해석 사람들은 힘든 시기에 빠지면, 그들은 그들의 가족에게 도움을 청할 가능성이 가장 높다.

》》 정답

01 were   02 would
03 Were   04 fell

05 If I [could afford / had afforded] the phone calls, I would be on the phone to America everyday.

해설 가정법 과거문장이므로 과거동사가 들어가야 한다.
해석 내가 전화 걸 수 있는 여건만 된다면, 매일 미국으로 전화를 걸 텐데.

06 People wouldn't like the survey, if they [are / were] conservative.

해설 가정법 과거문장이므로 be동사의 과거시제 were를 쓴다.
해석 사람들은 그들이 보수적이라면 그 조사를 좋아하지 않을 것이다.

07 Everybody [was / would be] happier if they were just satisfied with what they have.

해설 주절에는 '더 행복할 것이다'는 의미가 필요하므로 조동사 will의 과거형 would가 들어가야 맞다.
해석 모든 사람들은 그들이 가진 것에 만족하면 더 행복할 텐데.

08 The problem [could / can] easily be solved if you were more considerate of their neighbors.

해설 가정법 과거문장이므로 can의 과거시제인 could를 써야 한다.
해석 만일 네가 이웃을 조금만 더 배려한다면 그 문제는 쉽게 해결될 수도 있다.

》》 정답

05 could afford   06 were
07 would be   08 could

실전 문제

01 Fewer soldiers might get hurt on duty if they _____ better able to protect themselves. Arming the soldiers is undoubtedly a matter of self-defense.

(a) will be
(b) would have been
(c) were
(d) have

02 Most of the consumers would not buy the item if they _____ a choice. No one wants to choose the item that is structurally defective as it has shown a number of problems until now.

(a) will have had
(b) can have
(c) were having
(d) had

03 A survey by the USA Communication Institute has found that 40 percent of the Americans married _____ no intention of marrying someone again if they were given a choice.

(a) had
(b) was having
(c) having
(d) would have

04 If Tom made it through a rough time, he _____ any obstacle he might encounter here in America.

(a) can overcome
(b) overcomes
(c) could have overcome
(d) could overcome

05 The new company will employ two additional senior programmers to transform the current personnel-based system to a high-tech based one. If they had a bigger budget, they _____ more programmers to renovate the whole system.

(a) are hiring
(b) hired
(c) could hire
(d) will hire

06 Ann has three siblings and is suffering from a lack of affection. _____ she an only child, she would get all her parents' time and attention.

(a) Were
(b) If
(c) As
(d) Being

》》 정답 및 해설

01 (c) were

해설 가정법 과거문장이므로 과거동사가 필요하다.

해석 그들이 스스로를 더 잘 방어할 수 있다면, 임무 수행 중에 다치는 군인들이 줄어들 것이다. 군인들을 무장시키는 것은 확실히 자기 방어의 문제이다.

어휘 □ soldier 군인 □ on duty 임무 중인 □ undoubtedly 의심할 여지 없이
□ self-defense 자기방어

02 (d) had

해설 가정법 과거문장이므로 have의 과거시제인 had가 와야 한다.

해석 대부분의 소비자들이 선택을 한다면 그 상품을 사지 않을 것이다. 이 상품은 지금까지 많은 문제를 보여줬기 때문에 아무도 구조적으로 결함이 있는 상품을 선택하기를 원하지 않는다.

어휘 □ consumer 소비자 □ structurally 구조적으로 □ defective 결함 있는 □ a number of 많은

03 (d) would have

해설 가정법 과거의 주절이므로 조동사의 과거형 + 동사원형인 (d)가 적절하다.

해석 미국커뮤니케이션기관에 의한 조사는 결혼한 미국인들의 40퍼센트가 선택권이 있다면 다시는 누군가와 결혼할 의도가 없을 것이라는 것을 발견했다.

어휘 □ survey 조사 □ intention 의도

04 (d) could overcome

해설 가정법 과거의 주절이므로 조동사의 과거형 + 동사원형인 (d)가 적절하다.

해석 만약에 탐이 힘든 시간을 겪어내면 그는 미국에서 직면하게 될지도 모르는 어떤 장애물도 극복할 수 있을 것이다.

어휘 □ rough 힘든 □ obstacle 장애물 □ encounter 만나다

05 (c) could hire

해설 가정법 과거문장의 주절이므로 조동사의 과거형 + 동사원형의 형태인 (c)가 적합하다.

해석 그 새로운 회사는 현재 인력을 바탕으로 하고 있는 시스템을 최첨단 시스템으로 바꾸기 위해 두 명의 추가적 시니어 프로그래머를 고용할 것이다. 만약 그 회사가 더 많은 예산이 있다면 그들은 전체 시스템을 개조하기 위해 더 많은 프로그래머들을 고용할 수 있을 것이다.

어휘 □ employ 고용하다 □ additional 추가적인 □ transform 바꾸다 □ budget 예산
□ renovate 개조하다

>>> 정답 및 해설

06 (a) Were

해설 가정법 과거문장에서 if가 생략되고 주어, 동사자리가 도치되어서 If she were an only child,
→ Were she an only child가 되었다.

해석 앤은 세 명의 남매가 있고 애정결핍에 시달리고 있다. 그녀가 외동이라면 부모님의 시간과 관심을 모두 받을 텐데.

어휘 □ sibling 형제자매 □ affection 애정 □ attention 관심

2 가정법 과거완료

1 가정법 과거완료
가정법 과거완료는 과거사실에 반대되는 가정을 나타낼 때 쓰인다.

❶ 형식 : If + S + had p.p, S + 조동사의 과거형 (would/should/could/might) have p.p
❷ 의미 : ~ 했었더라면, ~ 했었을 텐데 (과거사실의 반대)

e.g. If I **had passed** the exam, my mom **would have been** happy.
내가 시험에 통과했었더라면 우리 엄마는 행복했을 텐데.
If he **had caught** the train, he **could have arrived** there.
그가 기차를 탔었더라면 그는 그곳에 도착했었을 텐데.

2 if의 생략과 도치
가정법 과거완료 문장에서 if가 생략되고 주어와 동사 자리를 도치시키면 'Had + 주어 + pp'의 형태가 된다.

- If S had pp → Had S pp

e.g. If you **had stopped** the car, the accident would not have occurred.
→ **Had** you **stopped** the car, the accident would not have occurred.
네가 차를 멈췄었다면, 사고는 일어나지 않았을 텐데.

If you **had saved** him, he would have been alive.
→ **Had** you **saved** him, he would have been alive.
네가 그를 구했다면, 그는 살았을 텐데.

기초 다지기

2. 가정법 과거완료

01 If she [had listened / listened] to my advice then, there would have been no problem.

해설 가정법 과거완료 문장이므로 had pp의 형태가 와야 한다.
해석 그녀가 내 조언을 따랐더라면 문제가 없었을 텐데.

02 All of the questions [had been answerd / could have been answered] correctly if you had studied the textbook carefully.

해설 가정법 과거완료의 주절에는 '조동사의 과거형 have pp'의 형태가 온다.
해석 교과서를 충실히 공부했다면 모두 맞힐 수 있는 문제였다.

03 If you [had been / were] more careful, your child wouldn't have been run over by the truck.

해설 가정법 과거완료 문장이므로 if절에는 had pp의 형태가 적절하다.
해석 당신이 좀 더 주의했더라면 아이가 트럭에 치이지는 않았을 텐데.

04 If the weather hadn't been so bad, they [will have left / would have left] Seoul.

해설 가정법 과거완료의 주절에는 조동사의 원형이 아닌 과거형에 have pp를 붙여야 한다.
해석 날씨가 나쁘지 않았더라면 그들은 서울을 떠났었을 텐데.

≫ 정답

01 had listened	**02** could have been answered
03 had been	**04** would have left

05 If you [had stopped / stopped] smoking and watched your diet, your physical condition wouldn't have gotten worse.

> 해설 가정법 과거완료 문장이므로 if절에는 had pp의 형태가 적절하다.
> 해석 당신이 금연하고, 먹는 것에 주의했다면 건강 상태가 이렇게 심하지는 않았을 텐데.

06 [If it were not for / Had it not been for] your help, I could not have passed the exam.

> 해설 가정법 과거완료의 생략도치문장이므로 if절에는 'Had 주어 pp'의 형태가 와야 한다.
> 해석 너의 도움이 없었더라면 나는 시험에 통과할 수 없었을 텐데.

07 Had it not rained last weekend, I [would go / would have gone] on a picnic.

> 해설 가정법 과거완료의 생략도치문장이므로 주절에는 '조동사의 과거형 have pp'의 형태가 와야 한다.
> 해석 지난 주말에 비가 오지 않았다면 나는 소풍을 갔을 텐데.

08 [If / Had] he finished the project earlier, we would have gone out for dinner.

> 해설 가정법 과거완료 문장에서 if가 생략되고 주어, 동사가 도치된 문장으로 'Had + 주어 + pp'의 형태가 맞다.
> 해석 그가 그 프로젝트를 일찍 끝냈더라면 우리는 저녁을 먹으러 나갔을 텐데.

》》》 정답

05 had stopped
07 would have gone
06 Had it not been for
08 Had

실전 문제

2. 가정법 과거완료

01 The problem should have been solved immediately. If you _____ the hole when you saw it, you would not have sewed the patch with many stitches.

(a) have seen
(b) sew
(c) had sewed
(d) was sewing

02 Vaccines were considered safeguards to some extent. If you had felt threatened by the corona virus, you _____.

(a) might be vaccinated
(b) will be vaccinated
(c) are vaccinated
(d) should have been vaccinated

03 The fire incident last night was a serious disaster. _____ more appropriately, the fire could have been extinguished at an early stage.

(a) If they responded
(b) Had they responded
(c) If they respond
(d) They had responded

04 Australia tried not to make immigration laws difficult because there were many technical immigrants living there. Tens of thousands of highly skilled migrants could have been deported if they _____ to reapply.

(a) had been forced
(b) were forced
(c) force
(d) have forced

05 Diabetes was a serious chronic disease for her and she gave up taking medicine. If she had wanted to eradicate the disease, she _____ the medicine consistently.

(a) will take
(b) were taking
(c) had taken
(d) should have taken

06 Soil pollution was an inevitable problem and people thought it was their fault. If people _____ more attention to the environment, the soil would not have been so seriously polluted.

(a) pay
(b) was paying
(c) had paid
(d) will have paid

≫ 정답 및 해설

01 (c) had sewed
- 해설: 가정법 과거완료 문장이므로 if절 안에는 had pp 형태의 동사가 필요하다.
- 해석: 그 문제는 즉시 해결됐어야 했다. 만약 네가 구멍을 봤을 때 바로 바느질했더라면 많은 바늘땀으로 그 헝겊을 꿰매지 않았을 것이다.
- 어휘: □ immediately 즉시 □ sew 바느질하다 □ stitch 한 바늘

02 (d) should have been vaccinated
- 해설: 가정법 과거완료 문장으로 '~했었어야 했다'는 의미인 should have pp를 쓰고, 수동의 형태이므로 should have been pp의 형태를 썼다.
- 해석: 백신은 어느 범위까지는 안전장치로 여겨졌다. 만약에 네가 코로나 바이러스의 위협을 느꼈었다면 너는 백신을 맞았어야 했다.
- 어휘: □ vaccine 백신 □ safeguard 안전장치 □ extent 범위 □ threatened 위협적인 □ vaccinate 백신 주사를 놓다

03 (b) Had they responded
- 해설: 가정법 과거완료 문장에서 if가 생략되고 주어와 동사가 도치된 형태로 'Had 주어 pp'의 형태가 적절하다.
- 해석: 지난밤에 일어난 화재사건은 심각한 재앙이었다. 그들이 더 적절한 대응을 했다면 그 화재는 초기 단계에서 진압될 수 있었을 것이다.
- 어휘: □ incident 사건 □ disaster 재앙 □ appropriately 적절하게 □ extinguish 끄다

04 (a) had been forced
- 해설: 가정법 과거완료 문장의 if절 안에는 'had pp'의 형태가 온다. 수동의 의미이므로 'had been pp'의 형태를 썼다.
- 해석: 호주는 기술력 있는 이민자들이 많이 살고 있기 때문에 더 이상 이민법을 까다롭게 만들지 않으려고 노력했다. 수만 명의 고도로 숙련된 이주민들이 재신청하라고 강요를 받았다면 추방당할 수도 있었다.
- 어휘: □ immigration 이민 □ immigrant 이민자 □ migrant 이주자 □ force 강요하다 □ reapply 재신청하다

05 (d) should have taken
- 해설: 가정법 과거완료의 주절은 '조동사의 과거형 have pp'의 형태가 온다.
- 해석: 당뇨는 그녀에게 심각한 고질병이었고 그녀는 약을 먹는 것을 포기했다. 만약 그녀가 그 질병을 근절하고 싶었더라면, 그녀는 그 약을 꾸준히 먹었어야 했다.
- 어휘: □ diabetes 당뇨병 □ chronic 만성적인 □ eradicate 근절시키다 □ consistently 꾸준히

Chapter 02. 가정법 _ 41

≫ 정답 및 해설

06 (c) had paid

> **해설** 가정법 과거완료 문장의 if절 안의 동사는 'had pp'가 온다.

> **해석** 토양 오염은 불가피한 문제였고 사람들은 그것을 스스로의 탓이라고 생각했다. 사람들이 환경에 좀 더 주의를 기울였더라면 토양이 그렇게 심각하게 오염되지 않았을 것이다.

> **어휘** ☐ soil 토양 ☐ pollution 오염 ☐ inevitable 불가피한 ☐ fault 잘못 ☐ attention 주의
> ☐ environment 환경 ☐ pollute 오염시키다

Chapter 03 / 조동사

조동사는 본동사와 함께 쓰이며 **본동사를 도와주는 역할**을 한다. **의미상 필요한 조동사는 동사원형**과 함께 쓰이며 **가능, 허가, 의무, 개연성과 가능성**을 나타낸다. 지텔프에서는 의미상 필요한 조동사와 should 생략 관련 문제가 시험에 나온다.

Tip

- 문항 수 : 4문항
- 출제 범위 : 의미상 필요한 조동사, should 생략
- 단서 : should 생략 문제는 주절에 당위성 동사나 필요, 중요, 긴급, 타당의 형용사가 있음
- 주의할 점 : 의미상 필요한 조동사는 해석을 요구하므로 정확한 뉘앙스 파악하기

1 의미상 필요한 조동사

의미상 필요한 조동사는 동사원형과 함께 쓰이며 의무, 추측, 능력, 가능 등의 의미를 가진다.

1 must

① 강한 의무 : ~해야만 한다.

e.g. You **must** complete the project by tomorrow.
너는 내일까지 그 프로젝트를 완수해야만 해.

② 강한 추측 : ~임이 틀림없다.

e.g. He **must** be John. 그는 존임이 틀림없어.

2 should

① 충고, 권유의 의무 : ~해야만 한다.

e.g. We should go to bed early. 너는 일찍 자야 해.

② 강한 추측 : ~임이 틀림없다.

e.g. It should be easy. 그것은 쉬움이 틀림없어.

3 can / could

① 능력 : ~할 수 있다

e.g. She can speak three languages. 그녀는 3개 국어를 할 수 있다.

② 가능성 : ~할 가능성이 있다.

e.g. Accidents can happen. 사고는 일어날 수 있지.

③ 허가 : ~해도 좋다.

e.g. You can go now. 가도 좋아.

4 will / would

미래, 화자의 의지, 즉각적 결정 : ~ 할 것이다.

e.g. I will do it. 내가 할게.

5 may

① 허가 : ~해도 좋다.

e.g. You may finish it. 넌 그것을 끝내도 돼.

② 추측 : ~일지도 모른다.

e.g. She may be in the library. 그녀는 아마 도서관에 있을 거야.

6 might

추측 : ~일지도 모른다.

e.g. You might be wrong. 넌 틀렸을지 몰라.

7 조동사의 완료시제

조동사 + have pp의 표현은 과거 사실에 대한 추측이나 후회를 나타낼 때 쓰인다.

① 과거 사실에 대한 추측

- may (might) have pp : ~했을지도 모른다.
- could have pp : ~ 했을 수도 있다.
- would have pp : ~했을 것이다.
- must have pp : ~ 했음에 틀림없다.
- cannot have pp : ~ 했을 리가 없다.

e.g. He may(might) have left. 그는 떠났었을지 모른다.
He could have left. 그는 떠났을 수도 있다.
He would have left. 그는 떠났을 것이다.
He must have left. 그는 떠났음이 틀림없다.
He cannot have left. 그는 떠났었을 리 없다.

② 과거 사실에 대한 후회

- should have pp : ~ 했어야 했다.
- need not have pp : ~ 할 필요가 없었다.

e.g. He should have left. 그는 떠났었어야 했다.
He need not have left. 그는 떠날 필요가 없었다.

기초 다지기

1. 의미상 필요한 조동사

01 A few people [can / should] afford brand-name products of that high price.

해설 '여력이 있다'는 의미로 can이 와야 한다.
해석 그렇게 비싼 브랜드의 제품을 살 여유가 있는 사람은 몇 안 된다.

02 Don't drink coffee at night because you [may / should] not be able to fall asleep because of caffeine.

해설 추측의 의미로 쓰였기 때문에 '~일지도 모른다'는 의미의 may가 와야 한다.
해석 카페인 때문에 잠이 안 올지도 모르기 때문에 밤에 커피를 마시지 마세요.

03 Candidates for admission [must / may] have a TOEFL score of at least 550, with no exceptions.

해설 의무 의미로 쓰였기 때문에 '~해야만 한다'는 의미의 must가 와야 한다.
해석 입학 지원자들은 예외없이 TOEFL 점수가 적어도 550점은 되어야 한다.

04 We [would / can] appreciate it if you would take a moment to fill out this questionnaire.

해설 '~일 것이다'는 의미의 would가 와야 한다.
해석 잠시만 시간을 내어 이 설문서를 작성해 주시면 대단히 감사하겠습니다.

>>> 정답
01 can   02 may
03 must   04 would

05 They couldn't find the exact causes of the disease, one of which [might / should] be vitamin deficiency.

> 해설 확실치 않은 추측의 의미로 쓰였기 때문에 '~일지도 모른다'는 의미의 might이 와야 한다.
> 해석 그들은 병의 정확한 원인들을 찾지 못했고 그 원인들 중 하나는 비타민 부족일지도 모른다.

06 I [must / should] have worked harder to meet the deadline but I have no excuse.

> 해설 과거의 후회를 나타내고 있으므로 '~했었어야 했다'는 의미의 should have pp가 와야 한다.
> 해석 마감에 맞추려면 더 열심히 일했어야 했는데 드릴 말씀이 없습니다.

07 She was worried that her child [might / should] have met with an accident.

> 해설 과거의 추측을 나타내고 있으므로 '~했을지도 모른다'는 의미의 might have pp가 와야 한다.
> 해석 그녀는 그녀의 아이가 사고를 당했을지도 모른다고 걱정했다.

08 She [must / will] have had some unavoidable reasons. Otherwise, she wouldn't have broken her promise.

> 해설 과거의 강한 추측을 나타내고 있으므로 '~했음이 틀림없다'는 의미의 must have pp가 와야 한다.
> 해석 그녀는 어떤 피치 못할 이유가 있었음이 틀림없다. 그렇지 않고서야 그녀는 약속을 어길 리가 없다.

>>> 정답
05 might   06 should
07 might   08 must

실전 문제

1. 의미상 필요한 조동사

01 Some students who study difficult subjects, such as economics, _____ attend at least eight hours of school class per week. It is an obligation, so that they can have a better understanding of the subject.

(a) must
(b) might
(c) could
(d) may

02 Real estate has recently become a major issue. Housing prices have risen so much that only a few people _____ afford to buy houses.

(a) should
(b) must
(c) can
(d) have to

03 If you are prone to airsickness, you _____ take some medication for nausea before boarding the plane. A nausea patch should be put behind the ear six hours before takeoff, and a nausea pill should be swallowed two hours before takeoff.

(a) would
(b) might
(c) may
(d) should

04 He said that he would implement measures to create jobs, and he promised that he _____ lead the nation with patriotism and passion.

(a) would
(b) may
(c) will
(d) might

05 Since these felons cannot be imprisoned forever and must be released someday, extra precautions _____ be taken to ensure that they pose no threat to the public.

(a) must
(b) might
(c) could
(d) may

06 Some athletes showed abnormal behavior during the race and the cause was suspected of taking drugs. Officials _____ have been more careful about doping tests, whether they knew it in advance or not.

(a) might
(b) would
(c) should
(d) must

≫ 정답 및 해설

01 (a) must

해설 의무적이라고 했으므로 '~해야 한다'의 의미 must가 와야 한다.

해석 경제학처럼 어려운 과목을 공부하는 일부 학생들은 주당 8시간 이상의 학교수업을 받아야만 한다. 그것은 의무이며 그렇게 해야만 그들은 그 과목에 대한 이해도가 높아질 수 있다.

어휘 □ economics 경제학 □ obligation 의무 □ subject 과목

02 (c) can

해설 can afford는 '~할 여력이 있다'의 의미이다.

해석 부동산은 최근에 주요한 문제가 되어왔다. 집값은 아주 많이 상승해왔고 오직 소수의 사람들만 집을 살 여력이 있다.

어휘 □ real estate 부동산 □ afford ~할 여력이 있다.

03 (d) should

해설 권고의 의미인 '~해야 한다' should가 와야 한다.

해석 비행기 멀미가 있을 경우, 비행기에 탑승하기 전에 멀미약을 사용해야 한다. 멀미 패치는 이륙 6시간 전에 귀 뒤에 붙이고, 멀미약은 이륙 2시간 전에 먹어야 한다.

어휘 □ prone ~하기 쉬운 □ airsickness 비행기멀미 □ nausea 메스꺼움 □ takeoff 이륙
□ swallow 삼키다

04 (a) would

해설 화자의 의지 '~일 것이다'는 의미로 쓰였고, 주절이 과거시제이므로 will의 과거형인 would를 써야 한다.

해석 그는 일자리를 늘리기 위한 조치를 실시하겠다고 말했고, 애국심과 열정을 갖고 나라를 이끌어 갈 것이라고 약속하였다.

어휘 □ implement 실행하다 □ measure 조치 □ patriotism 애국심 □ passion 열정

05 (a) must

해설 의무적이라고 했으므로 '~해야 한다'의 의미 must가 와야 한다.

해석 이러한 중범죄자들도 영원히 투옥될 수 없고, 언젠가 석방되어야 하기 때문에, 그들이 대중에게 어떠한 위협도 가하지 않는다는 것을 확신하기 위해서 여분의 사전 조치가 취해져야 한다.

어휘 □ felon 중죄인 □ imprison 투옥하다 □ precaution 예방책 □ ensure 보장하다
□ threat 위협

>>> 정답 및 해설

06 (c) should

[해설] 과거에 대한 후회의 내용으로 '~했었어야 했다'의 의미 should have pp가 와야 한다.

[해석] 몇몇의 운동선수들은 경기 동안에 이상행동을 보였고 그 원인은 약물복용으로 의심됐다. 관계자들은 사전에 알았든 몰랐든 도핑테스트를 더 세심하게 했었어야 했다.

[어휘] ☐ athlete 운동선수 ☐ abnormal 비정상적 ☐ behavior 행동

2 should 생략

주절에 '주장, 제안, 명령, 요구, 권고, 바람의 동사나 명사', '필요, 중요, 긴급, 타당함을 나타내는 형용사'가 오고 종속절로 that절이 오면 that절의 동사는 '(should) + 동사원형'의 형태로 쓴다.

1 주장, 제안, 명령, 요구, 권고, 바람의 동사나 명사

❶ 주장 : v. insist   v/n. claim
❷ 제안 : v. suggest, propose   n. suggestion
❸ 명령 : v. order, command
❹ 요구 : v. ask, demand, require   n. requiremnet   v/n. request
❺ 권고/바람 : v. recommend, advise, urge   n. recommendation
           v/n. desire
❻ 규정/결정 : v. prescribe, stipulate   n. decision

e.g. He **demanded** that every student **wear** a uniform.
그는 모든 학생들이 교복을 입어야 한다고 요구했다.

He **asked** that he **be allowed** to see the manager.
그는 매니저를 보도록 허용되어야 한다고 요구했다.

2 필요, 중요, 의무, 바람, 긴급, 타당함을 나타내는 형용사

❶ 중요한 : important, vital, crucial
❷ 가장 좋은 : best
❸ 필수적인 : essential, necessary
❹ 의무적인 : compulsory, mandatory, imperative
❺ 바람직한 : advisable, desirable
❻ 긴급한 : urgent
❼ 당연한 : natural

e.g. It is **important** that they not **jump** to conclusion.
성급히 결론짓지 말아야 하는 것은 중요하다.

It was **necessary** that she **leave** the place immediately.
그녀가 그 장소를 즉시 떠나야 한다는 것은 필수적이다.

기초 다지기

2. should 생략

01 It was compulsory that he [finish / finished] writing the first draft.

> **해설** '의무'의 의미를 가지는 형용사 compulsory가 있으므로 that절 이하에는 '주어 + (should) + 동사원형'이 온다.
>
> **해석** 그가 초안 쓰는 것을 마무리 해야 한다는 것은 의무적이었다.

02 He suggested that the new policy [is implemented / be implemented] for all workers.

> **해설** '제안'의 의미를 가지는 동사 suggest가 있으므로 that절 이하에는 '주어 + (should) + 동사원형'이 온다. 수동태는 be pp의 형태로 쓴다.
>
> **해석** 그는 모든 노동자들을 위해 새로운 정책이 시행되어야 한다고 제안했다.

03 It is necessary that people [exercise / exercised] regularly.

> **해설** '필요'의 의미를 가지는 형용사 necessary가 있으므로 that절 이하에는 '주어 + (should) + 동사원형'이 온다.
>
> **해석** 사람들이 규칙적으로 운동해야 한다는 것은 필수적이다.

04 It is best that you [will continue / continue] the treatment for at least three months.

> **해설** '가장 좋은'의 의미를 가지는 형용사 best가 있으므로 that절 이하에는 '주어 + (should) + 동사원형'이 온다.
>
> **해석** 너는 그 치료를 적어도 세 달 동안 하면 가장 좋다.

》》》 정답

01 finish   02 be implemented
03 exercise 04 continue

05 The doctor ordered that the patient [not go / do not go] out.

> 해설 '명령'의 의미를 가지는 동사 order가 있으므로 that절 이하에는 '주어 + (should) + 동사원형'이 온다.
>
> 해석 의사가 환자에게 나가지 말라고 명령했다.

06 It is important that you [checked / check] all emails and attachments for viruses, especially those from unknown sources.

> 해설 '중요한'의 의미를 가지는 형용사 important가 있으므로 that절 이하에는 '주어 + (should) + 동사원형'이 온다.
>
> 해석 모든 전자 메일 및 첨부 파일에서 바이러스, 특히 알 수 없는 출처에서 온 것들을 확인해야 하는 것은 중요하다.

07 If you plan to continue recruiting people from other countries, it is essential that you [learned / learn] to understand them.

> 해설 '필수적인'의 의미를 가지는 형용사 essential이 있으므로 that절 이하에는 '주어 + (should) + 동사원형'이 온다.
>
> 해석 당신이 계속해서 다른 나라 사람들을 고용할 계획이라면 그들을 이해하는 법을 배우는 것이 필수적이다.

08 We recommend that parents [will discipline / discipline] their children tenderly, patiently, and purposefully.

> 해설 '권고'의 의미를 가지는 동사 recommend가 있으므로 that절 이하에는 '주어 + (should) + 동사원형'이 온다.
>
> 해석 우리는 부모가 그들의 아이들을 따뜻하게, 인내하며, 목표의식을 가지고 훈육하는 것을 권고한다.

≫ 정답

05 not go	06 check
07 learn	08 discipline

실전 문제

2. should 생략

01 We made a firm request that China _____ to help strengthen economic ties.

(a) being regulated its copyright laws
(b) had regulated its copyright laws
(c) regulate its copyright laws
(d) regulated its copyright laws

02 We insist that athletes _____ on all kinds of alcoholic beverage commercials since they can have great influence on adolescents under the legal drinking age.

(a) are banned from appearing
(b) banning from appearing
(c) to be banned from appearing
(d) be banned from appearing

03 It is crucial that _____ with the manufacturing and retailing industries to identify the most effective approach to implementation.

(a) working together
(b) we work together
(c) we worked together
(d) to work together

04 It was advised that people at special risk, for instance, those with chronic pulmonary or heart disease, _____ for vaccination.

(a) were considered
(b) they consider
(c) be considered
(d) consider

05 Aging population has been one of the serious social problems. It is urgent that a substantial welfare system for senior citizens _____.

(a) to be established
(b) it is established
(c) is established
(d) be established

06 About 50 years ago, manned space flight was considered dangerous. Thus, the goverment took the decision that this country _____ manned space flight.

(a) not participate in
(b) participate not in
(c) do not participate in
(d) did not participate in

》》 정답 및 해설

01 (c) regulate its copyright laws

  해설 '요구'의 의미를 가지는 명사 request가 있으므로 that절 이하에는 '주어 + (should) + 동사원형'이 온다.

  해석 우리는 경제 관계를 강화하는 것을 도울 수 있도록 중국이 저작권법을 규제해 줄 것을 강력하게 요청했다.

  어휘 □ firm 확고한 □ request 요청 □ strengthen 강화하다 □ regulate 규제하다

02 (d) be banned from appearing

  해설 '주장'의 의미를 가지는 동사 insist가 있으므로 that절 이하에는 '주어 + (should) + 동사원형'이 온다. 수동태는 be pp의 형태를 쓴다.

  해석 우리는 운동 선수들이 합법적으로 술을 마실 수 있는 나이가 안 된 청소년들에게 큰 영향력을 발휘하기 때문에 운동 선수들이 모든 종류의 알코올 음료 광고에 출연하는 것을 금지시켜야 한다고 주장한다.

  어휘 □ athlete 운동선수 □ commercial 광고 □ adolescent 청소년 □ ban 금지하다

03 (b) we work together

  해설 '중요'의 의미를 가지는 형용사 crucial이 있으므로 that절 이하에는 '주어 + (should) + 동사원형'이 온다.

  해석 실행을 위한 가장 효율적인 접근방식이 무엇인지 확인하기 위하여 제조, 소매사업체들과 협력하는 것이 중요합니다.

  어휘 □ manufacturing 제조 □ retailing 소매 □ identify 확인하다 □ effective 효율적인
    □ approach 접근 □ implementation 실행

04 (c) be considered

  해설 '권고'의 의미를 가지는 동사 advise가 있으므로 that절 이하에는 '주어 + (should) + 동사원형'이 온다. 수동의 의미일때는 be pp로 쓴다.

  해석 특정 위험군에 속하는 사람들, 예를 들어 만성 폐질환, 심장 질환이 있는 사람들은 백신 접종이 고려되어야 한다고 권고되었다.

  어휘 □ chronic 만성의 □ pulmonary 폐의 □ vaccination 백신

05 (d) be established

  해설 '긴급'의 의미를 가지는 형용사 urgent가 있으므로 that절 이하에는 '주어 + (should) + 동사원형'이 온다. 수동의 의미일때는 be pp로 쓴다.

  해석 노령화는 심각한 사회 문제들 중 하나가 되어 왔다. 노인들을 위한 실속 있는 복지 체제를 구축하는 것이 시급하다.

  어휘 □ Aging population 노령화 □ substantial 실속 있는 □ welfare system 복지체제

>>> 정답 및 해설

06 (a) not participate in

해설 '결정'의 의미를 가지는 명사 decision이 있으므로 that절 이하에는 '주어 + (should) + 동사원형'이 온다. 부정형일때는 not 동사원형의 형태로 쓴다.

해석 대략 50년 전, 유인 우주 비행은 위험한 것으로 간주되었다. 따라서, 정부는 이 국가가 유인 우주 비행에 참여해서는 안된다는 결정을 내렸다.

어휘 □ manned 유인의 □ space flight 우주비행 □ participate in 참여하다

Chapter 04 / 준동사

준동사란 **동사적 성질**을 가지고 있으면서 **다른 품사의 역할**을 하는 것으로 **to부정사, 동명사, 분사** 등을 말한다. 지텔프에서는 동명사/to부정사를 목적어로 취하는 동사, 목적격 보어자리에 to부정사가 오는 동사, 동명사/to부정사의 역할, 관용표현 등이 출제된다.

🔍 Tip

- 문항 수 : 6문항
- 출제 범위 : 동명사/to부정사를 목적어로 취하는 동사, 목적격 보어 자리에 to부정사가 오는 동사, 동명사/to부정사의 역할, 관용표현
- 단서 : 동사에 따라 목적어, 목적격 보어자리가 결정되므로 동사를 확인할 것
- 주의할 점 : 주어 자리에 오는 준동사를 묻는 문제는 대부분 동명사가 답

1 to부정사 or 동명사를 목적어로 취하는 동사

1 to부정사를 목적어로 취하는 동사

무슨 일을 하고자 하는 의욕이나 의도를 나타내는 동사, 미래의 의미를 내포하는 동사를 포함하고 있다.

• agree 동의하다	• (can) afford ~할 여력이 있다
• choose 선택하다	• decide 결심하다
• dare 감히 ~하다	• desire 열망하다
• deserve ~를 받을 가치가 있다	• determine 결심하다
• expect 기대하다	• fail 실패하다
• hope 희망하다	• intend 의도하다
• learn 배우다	• manage ~해 나가다
• offer 제안하다	• plan 계획하다
• promise 약속하다	• pretend ~인 척하다
• refuse 거절하다	• resolve 해결하다
• need 필요로 하다	• tend ~하는 경향이 있다
• want 원하다	• wish 소망하다

e.g. I **decided to buy** the book. 나는 그 책을 사기로 결심했다.
I **wish to be** with you. 나는 너와 함께하길 소망해.

2 동명사를 목적어로 취하는 동사
이미 일어난 일이나 당면한 상황에 대처하는 것과 관련된 동사가 대부분이다.

- abandon/give up 포기하다
- allow 허락하다
- anticipate 기대하다
- avoid/evade 피하다
- deny 부인하다
- dread 두려워하다
- encourage 격려하다
- escape 탈출하다
- favor 호의를 보이다
- imagine 상상하다
- involve 포함하다
- keep 계속하다
- mind 꺼리다
- prohibit 금지하다
- quit 그만두다
- recall 생각해내다
- require 요구하다
- resist 저항하다
- stop 멈추다
- admit 인정하다
- advise 충고하다
- appreciate 감사하다
- consider 고려하다
- disclose 드러내다
- entail 수반하다
- enjoy 즐기다
- experience 경험하다
- finish 끝내다
- include 포함하다
- justify 정당화하다
- mention 언급하다
- practice 연습하다
- postpone/put off/delay 미루다
- recommend 추천하다
- resent 분개하다
- risk 위험을 무릅쓰다
- suggest 제안하다
- tolerate 참다

e.g. I **enjoy finding** a bargain when I go shopping.
나는 쇼핑 갈 때 값싼 물건을 찾는 것을 즐겨.

I **suggested going** camping. 내가 캠핑 가자고 제안했어.

c.f. stop 뒤에 to부정사가 온 경우는 to부정사가 목적어가 아닌 부사적 용법으로 쓰인 것이다.
I **stopped smoking**. 담배를 끊다.
I **stopped to smoke**. 담배를 피기 위해서 멈추다.

기초 다지기

1. to부정사 or 동명사를 목적어로 취하는 동사

01 The company has guarded this information secretly and has refused [disclosing / to disclose] the information.

> 해설: refuse는 '거부하다'는 의미로 목적어 자리에 to부정사를 취한다.
> 해석: 그 회사는 이 정보를 항상 비밀스럽게 지켜왔고, 공개를 거부해 왔다.

02 You should drink water to avoid [becoming / to become] dehydrated.

> 해설: avoid는 '피하다'는 의미로 목적어 자리에 동명사를 취한다.
> 해석: 당신은 탈수를 피할 수 있도록 물을 마셔야 한다.

03 You need [finding / to find] out why you failed and decide what to do.

> 해설: need는 '필요로 하다'는 의미로 목적어 자리에 to부정사를 취한다.
> 해석: 너는 실패한 이유를 찾고 무엇을 해야 할지 결정할 필요가 있다.

04 The new law will impose tough penalties on drivers who fail [obeying / to obey] traffic laws.

> 해설: fail은 '실패하다'는 의미로 목적어 자리에 to부정사를 취한다.
> 해석: 새로운 법은 교통법규를 따르지 않는 운전자에게 엄중한 벌을 부과할 것이다.

》》 정답

01 to disclose   02 becoming
03 to find   04 to obey

05 If she were hired, she would consider [working / to work] abroad.

해설 consider는 '고려하다'는 의미로 목적어 자리에 동명사를 취한다.
해석 그녀가 고용되면 그녀는 해외에서 일할 것을 고려할 것이다.

06 I don't appreciate [to be treated / being treated] like this.

해설 appreciate은 '감사하다'는 의미로 목적어 자리에 동명사를 취한다.
해석 나는 이런 대우를 받는 거 고맙지 않아.

07 We promise [delivering / to deliver] this product to your door within a day of your ordering.

해설 promise는 '약속하다'는 의미로 목적어 자리에 to부정사를 취한다.
해석 우리는 당신이 주문 하루 만에 이 상품을 받을 수 있게 문 앞에 배달해 드릴 것을 약속해요.

08 Some people deliberately evade [paying / to pay] thousands of dollars in tax.

해설 evade는 '피하다'는 의미로 목적어 자리에 동명사를 취한다.
해석 몇몇 사람들은 고의적으로 수천 달러의 세금 납부를 회피한다.

>>> 정답

05 working	06 being treated
07 to deliver	08 paying

실전 문제

1. to부정사 or 동명사를 목적어로 취하는 동사

01 Stock prices have become unstable in recent years. Traders recommend _____ charts and analyzing the fundamental value of markets.

(a) to use
(b) using
(c) having used
(d) to have used

02 Orders are placed from the counter on the ground floor, and customers can enjoy _____ their beverages on the second floors.

(a) having drunk
(b) to have drunk
(c) to drink
(d) drinking

03 People who decide _____ independent should appreciate that they can be the managers in their own lives.

(a) become
(b) to have become
(c) to become
(d) becoming

04 We intend _____ and lead this organization to reinforce activities in the areas where protests are frequent.

(a) establishing
(b) having established
(c) to establish
(d) to have established

05 If you are not feeling well, I will normally suggest _____ time off work, but in this instance I'm not sure that will do any good.

(a) having taken
(b) to have taken
(c) taking
(d) to take

06 The activists working for animal rights organizations required zoos to stop _____ illegally captured animals for amusement shows.

(a) using
(b) to use
(c) having used
(d) to have used

≫ 정답 및 해설

01 (b) using

해설 recommend는 '추천하다'는 의미로 동명사를 목적어로 취하는 동사이다.

해석 최근 몇 년간 주가가 불안정해졌다. 트레이더들은 차트를 이용하거나 시장의 기본적인 가치를 분석하는 것을 권고한다.

어휘 ☐ recommend 추천하다 ☐ analyze 분석하다 ☐ fundamental 기본적인

02 (d) drinking

해설 enjoy는 '즐기다'는 의미로 동명사를 목적어로 취하는 동사이다.

해석 1층 카운터에서 주문을 받고, 고객들은 2층에서 음료를 즐길 수 있다.

어휘 ☐ order 주문 ☐ ground floor 1층 ☐ beverage 음료

03 (c) to become

해설 decide는 '결심하다'는 의미로 to부정사를 목적어로 취하는 동사이다.

해석 독립적이 되기로 결심한 사람은 자신의 삶에 대하여 스스로 관리자가 될 수 있다는 것을 감사해야 한다.

어휘 ☐ independent 독립적인 ☐ appreciate 감사하다

04 (c) to establish

해설 intend는 '의도하다'는 의미로 to부정사를 목적어로 취하는 동사이다.

해석 우리는 시위가 잦은 지역에서 활동들을 강화하기 위해 이 단체를 설립하고 이끌어갈 의도이다.

어휘 ☐ intend 의도하다 ☐ establish 설립하다 ☐ organization 단체 ☐ reinforce 강화하다
☐ protest 시위 ☐ frequent 빈번한

05 (c) taking

해설 suggest는 '제안하다'는 의미로 동명사를 목적어로 취하는 동사이다.

해석 몸이 안 좋으시다면, 저는 보통 휴가를 내는 것을 제안하겠지만, 이 경우에는 그것이 어떤 도움이 될지 잘 모르겠습니다.

어휘 ☐ normally 보통 ☐ take time off 휴가를 내다 ☐ instance 경우

06 (a) using

해설 stop은 '~를 멈추다'는 의미로 동명사를 목적어로 취하는 동사이다. stop 뒤에 to부정사가 오면 목적어가 아닌 부사적 용법으로 '~하기 위해서 멈추다'로 해석한다.

해석 동물 권리 단체를 위해 일하는 활동가들은 동물원에 불법적으로 포획된 동물들을 오락쇼에 사용하는 것을 중단하라고 요구했다.

어휘 ☐ activist 활동가 ☐ require 요구하다 ☐ illegally 불법적으로 ☐ captured 포획된
☐ amusement show 오락쇼

2. to부정사와 동명사를 목적어로 취하는 동사들

1 의미차이가 거의 없는 경우

원칙적으로 to부정사는 앞으로 일어날 일을, 동명사는 일반적인 서술을 의미하지만 의미 차이를 엄격히 두고 쓰지 않는다.

- start/begin 시작하다
- love 사랑하다
- prefer 선호하다
- like 좋아하다
- hate 싫어하다

e.g. I began **eating/to eat vegetables.**
난 야채를 먹기 시작했어.

2 의미차이가 나는 경우

다음의 동사들은 to부정사와 동명사가 목적어로 왔을 때 의미가 달라지므로 해석에 유의하도록 하자.

① remember -ing : ~한 것을 기억하다 (과거)
　remember to R : ~할 것을 기억하다 (미래)

e.g. I **remember meeting** him yesterday. 나는 어제 그를 만났던 것을 기억해.
　　I **remember to meet** him tomorrow. 나는 내일 그를 만나야 할 것을 기억해.

② regret -ing : ~ 한 것을 후회하다 (과거)
　regret to R : ~ 하게 되어 유감이다 (미래, 현재에)

e.g. I **regret not studying** English. 나는 영어 공부를 안한 것을 후회해.
　　I **regret to say** that I am unable to offer you the job.
　　나는 너에게 그 일을 제공해 줄 수 없다는 사실을 말하게 되어 유감이야.

③ forget -ing : ~했던 것을 잊다 (과거)
　forget to R : 앞으로 ~ 할 것을 잊다 (미래)

e.g. I **forgot bringing** my key. 내 키를 가져온 것을 잊었어.
　　I **forgot to bring** my key. 내 키를 가져와야 할 것을 잊었어.

기초 다지기

2. to부정사와 동명사를 목적어로 취하는 동사들

01 We should start [having considered / considering] electric cars as they are better for the earth.

　해설　start는 '시작하다'는 의미로 동명사나 to부정사를 목적어로 취하는 동사이다. 따라서 동명사 considering이 정답이고, having pp는 동명사의 완료시제이므로 답이 될 수 없다.
　해석　전기자동차들이 지구에 더 좋기 때문에 우리는 전기 자동차들을 고려하기 시작해야 한다.

02 Children like [to have worn / to wear] special outfits, or look like their favorite superhero.

　해설　like는 '좋아하다'는 의미로 동명사나 to부정사를 목적어로 취하는 동사이다. 따라서 to부정사 to wear가 정답이고, to have pp는 to부정사의 완료시제이므로 답이 될 수 없다.
　해석　아이들은 특별한 옷을 입거나, 자신들이 가장 좋아하는 영웅처럼 보이고 싶어 한다.

03 Remember [warming / to warm] up before you lift heavy weights.

　해설　remember는 목적어 자리에 동명사가 오면 '~했던 것을 기억하다'는 의미이고, to부정사가 오면 '~할 것을 기억하다'는 의미이다.
　해석　무거운 역기를 들기 전에 준비운동을 해야 하는 것을 기억해라.

04 I regret not [to consider / considering] the flaws of the system at that time.

　해설　regret은 목적어 자리에 동명사가 오면 '~했던 것을 후회하다'는 의미이고, to부정사가 오면 '~하게 되어 유감이다'는 의미이다.
　해석　나는 그때 당시 그 시스템에 대한 결점들을 고려하지 않은 것을 후회한다.

》》 정답

01 considering　　　　02 to wear
03 to warm　　　　　 04 considering

05
I remember [to suggest / suggesting] to the company that they adopt this principle a year ago.

해설 remember는 목적어 자리에 동명사가 오면 '~했던 것을 기억하다'는 의미이고, to부정사가 오면 '~할 것을 기억하다'는 의미이다.

해석 나는 1년 전에 이 원칙을 채택할 것을 그 회사에 제안했던 것을 기억한다.

06
Don't forget [saving / to save] your report or all your efforts can be in vain.

해설 forget은 목적어 자리에 동명사가 오면 '~했던 것을 잊다'는 의미이고, to부정사가 오면 '~할 것을 잊다'는 의미이다.

해석 리포트를 저장하는 것을 잊지 마라. 그렇지 않으면 모든 노력들이 헛되게 될 수 있다.

07
I will never forget [to look / looking] out the beautiful scenery at dusk at that time.

해설 forget은 목적어 자리에 동명사가 오면 '~했던 것을 잊다'는 의미이고, to부정사가 오면 '~할 것을 잊다'는 의미이다.

해석 나는 해 질 무렵의 그 아름다운 광경을 봤던 것을 잊지 않을 것이다.

08
We regret [informing / to inform] you that your application has not been successful.

해설 regret은 목적어 자리에 동명사가 오면 '~후회하다'는 의미이고, to부정사가 오면 '~하게 되어 유감이다'는 의미이다.

해석 유감스럽게도 당신의 지원이 성공적이지 못했음을 알려 드립니다.

》》 정답

05 suggesting   06 to save
07 looking   08 to inform

실전 문제

2. to부정사와 동명사를 목적어로 취하는 동사들

01 Before entering the radiology laboratory, the researchers were instructed to never forget _____ protective clothing during the experiment.

(a) to be wearing
(b) to have worn
(c) to wear
(d) wearing

02 Thank you for your recent application. However, we regret _____ you that we have no positions available at this time that fit your experience.

(a) to inform
(b) to have informed
(c) having informed
(d) informing

03 Experts advise you to refrain from drinking alcohol as much as possible and get enough rest before flight to prevent jet lag. In addition, if you plan to travel to an area with a time difference of more than 6 hours, you are advised to begin _____ your bedtime 2-3 days in advance.

(a) adjusting
(b) adjust
(c) having adjusted
(d) was adjusting

04 Some neighbors couldn't stand the kid's mischievous acting and they warned them not to do. Now the kids regret _____ their neighbors.

(a) bothering
(b) to bother
(c) to have bothered
(d) to be bothering

05 Shawn has already deceived me twice. I remember _____ him not to do it, but he did it anyway. I won't give him a third chance.

(a) to tell
(b) telling
(c) to have told
(d) to be telling

06 M&C store is celebrating its 10th year in business with a huge sale on custom-made men's wear. Remember when you order your suits, you should not forget _____ your size.

(a) having specified
(b) to have specified
(c) specifying
(d) to specify

》》 정답 및 해설

01 (c) to wear

  해설 forget은 목적어 자리에 동명사가 오면 '~했던 것을 잊다'는 의미이고, to부정사가 오면 '~할 것을 잊다'는 의미이다.

  해석 방사능 실험실에 들어가기 전에 연구원들은 실험 동안 보호복을 입어야 할 것을 절대 잊지 말라는 지시를 받았다.

  어휘 □ radiology 방사선학 □ laboratory 실험실 □ protective clothing 보호복
       □ experiment 실험

02 (a) to inform

  해설 regret은 목적어 자리에 동명사가 오면 '~후회하다'는 의미이고, to부정사가 오면 '~하게 되어 유감이다'는 의미이다.

  해석 최근에 지원서를 내주셔서 감사합니다. 그러나 현재 저희는 당신의 경력에 적합한 자리가 없음을 알려드리게 되어 유감입니다.

  어휘 □ application 지원서 □ inform 알리다 □ available 이용 가능한

03 (a) adjusting

  해설 begin은 '시작하다'는 의미로 동명사나 to부정사를 목적어로 취하는 동사이다.

  해석 시차증을 예방하기 위해서 비행 전에는 되도록 술 마시는 것을 자제하고 충분한 휴식을 취하라고 전문가들은 조언한다. 또한, 시차가 6시간 이상인 지역으로 여행을 계획한다면 출발 2~3일 전부터 취침시간을 조정하기 시작하도록 조언받는다.

  어휘 □ refrain 삼가다 □ prevent 예방하다 □ jet lag 시차증 □ adjust 적응시키다
       □ in advance 미리

04 (a) bothering

  해설 regret은 목적어 자리에 동명사가 오면 '~후회하다'는 의미이고, to부정사가 오면 '~하게 되어 유감이다'는 의미이다.

  해석 몇몇 이웃들은 아이들의 장난을 참을 수 없었고 그들에게 하지말라고 경고했다. 이제 아이들은 이웃을 괴롭힌 것을 뉘우치고 있다.

  어휘 □ neighbor 이웃 □ mischievous 장난의 □ warn 경고하다 □ bother 괴롭히다

05 (b) telling

  해설 remember는 목적어 자리에 동명사가 오면 '~했던 것을 기억하다'는 의미이고, to부정사가 오면 '~할 것을 기억하다'는 의미이다.

  해석 숀은 이미 나를 두 번이나 속여 왔다. 나는 그에게 그렇게 하지 말라고 한 것을 기억한다. 하지만 그는 어쨌든 속였다. 나는 그에게 세 번째 기회는 주지 않을 것이다.

  어휘 □ deceive 속이다

>>> 정답 및 해설

06 (d) to specify

해설 forget은 목적어 자리에 동명사가 오면 '~했던 것을 잊다'는 의미이고, to부정사가 오면 '~할 것을 잊다'는 의미이다.

해석 M&C 상점은 창립 10주년을 맞이하여 대대적인 맞춤 양복 세일을 합니다. 의류를 주문할 때에는 잊지 말고 치수를 명시하세요.

어휘 □ custom-made 맞춤의 □ suit 양복 □ specify 명시하다

③ to부정사를 목적격 보어로 취하는 동사, 관용표현

1 to부정사를 목적격 보어로 취하는 동사
'O가 OC 하는 것을 V하다'의 의미의 동사들이다.

- 강요 : compel/force 강요하다, oblige 의무적으로 ~하게 하다
- 격려 : encourage 북돋아 주다, motivate 동기부여하다
- 바람, 기대 : need 필요로 하다, want 원하다, wish 소망하다, expect 기대하다
- 상기 : remind 상기시키다
- 설득 : convince/persuade 설득하다, invite 권유하다
- 시킴 : get 시키다, order 명령하다, tell 말하다, urge 충고하다
- 야기 : cause 야기하다
- 요구, 요청 : ask/require/request 요구/요청하다
- 조언 : advise 조언하다
- 허락 : allow/permit 허락하다, enable 가능하게 하다

e.g. The new policy **encourages** the public **to quit** smoking.
그 새 정책은 대중들이 금연하게 장려한다.

I wouldn't **allow** you **to go** now.
나는 네가 지금 가는 것을 허용하지 않을 거야.

2 to부정사 관용표현

- be about to R : 막 ~하려 하다

e.g. I am about to go to bed. 나는 이제 막 자려고 했다.

- be able to : ~ 할 수 있다

e.g. You **were able to do** it. 너는 그것을 할 수 있었다.

- be likely to R : ~할 것 같다/~하기 쉽다/~하는 경향이 있다
  (= be apt to R/be liable to R/be prone to R/be inclined to R)
  (↔ be unlikely to R : ~할 것 같지 않다)

e.g. She **is likely to reconsider** her plan.
그녀는 그녀의 계획을 재고려해 볼 것 같다.

- be willing to R : 기꺼이 ~하려고 하다
  (↔ be unwilling to R/be reluctant to R : ~를 꺼리다)

e.g. He **is willing to study** Korean. 그는 기꺼이 한국어를 공부하려고 한다.

- have to : ~해야만 한다

e.g. She **has to go** now. 그녀는 지금 가야만 한다.

- have no choice but to R : ~하지 않을 수 없다/~할 수밖에 없다

e.g. She **has no choice but to consider** his plan.
그녀는 그의 계획을 고려하지 않을 수 없었다.

- too ~ to R : 너무 ~해서 ~할 수 없다

e.g. The milk is **too hot to drink**.
그 우유는 마시기에 너무 뜨겁다. (그 우유는 너무 뜨거워서 마실 수 없다.)

- tend to : ~하는 경향이 있다

e.g. The drugs **tend to cause** drowsiness. 그 약은 졸음을 유발하는 경향이 있다.

- be supposed to : ~하기로 되어 있다

e.g. You **were supposed to be** here 30 minutes ago.
당신은 30분 전에 여기 있기로 되어 있었다.

- make sure to : 확실히 ~하다

e.g. **Make sure to clean** up after using the sink.
싱크대를 사용한 후에 확실히 깨끗하게 해두세요.

- be used to : ~하는 데 사용되다

e.g. This pill **is used to lower** blood pressure. 이 알약은 혈압을 낮추는 데 쓰인다.

3 동명사 관용표현

- be used to -ing (= be accustomed to -ing) : ~에 익숙하다

e.g. He **is used to living** in America. 그는 미국에 사는 것에 익숙하다.

- be busy -ing : ~하느라 바쁘다

e.g. I **am busy doing** the work. 난 일하느라 바쁘다.

- be worth -ing : ~할 가치가 있다

e.g. This book **is worth reading**. 이 책은 읽을 가치가 있다.

- cannot help -ing : ~하지 않을 수 없다

e.g. I **cannot help telling** the truth. 사실을 말하지 않을 수 없다.

- look forward to -ing : ~을 고대하다

e.g. I am **looking forward to seeing** you. 난 너를 보기를 학수고대해.

- It is no use -ing : ~해도 소용없다

e.g. **It is no use making** an excuse for this.
이것에 대해 아무리 변명해봤자 소용없다.

- go ing : ~하러 가다

e.g. Let's **go fishing**. 낚시하러 가자.

- feel like -ing : ~하고 싶다

e.g. I **feel like having** some food. 난 음식을 좀 먹고 싶다.

- deter/stop/keep/hinder/prevent/prohibit + o + from -ing : o가 -ing 하는 것을 막다

e.g. The weather **stopped us from going** out.
날씨가 우리가 밖으로 나가는 것을 막았다.

- spend + 시간/돈/노력 + (on/in) -ing : ~에 시간, 돈, 노력을 쓰다

e.g. She **spends 3 hours studying** English everyday.
그녀는 영어공부하는 데 매일 3시간을 쓴다.

- have a hard time/trouble/difficulty -ing : ~하는 데 어려움을 겪다

e.g. I **have difficulty concentrating** on that.
나는 그것에 집중하는 데 어려움을 겪는다.

- There is no -ing : ~하는 것은 불가능하다

e.g. **There is no denying** the fact. 그 사실을 부인하는 것은 불가능하다.

기초 다지기

3. to부정사를 목적격 보어로 취하는 동사, 관용표현

01 Please remind me [checking / to check] the figure.

해설 remind는 '상기시키다'는 의미로 to부정사를 목적격 보어로 쓴다.
해석 그 수치를 확인할 것을 상기시켜주세요.

02 I encouraged the employees [attending / to attend] the seminar.

해설 encourage는 '격려하다'는 의미로 to부정사를 목적격 보어로 쓴다.
해석 나는 직원들이 그 세미나에 참석하도록 격려했다.

03 He asked citizens [keeping / to keep] windows and doors closed and use air filters to keep air clear.

해설 ask는 '요구하다'는 의미로 to부정사를 목적격 보어로 쓴다.
해석 그는 시민들에게 창문과 문을 닫고 공기를 깨끗하게 하기 위해 공기 정화기를 사용하도록 요구했다.

04 Under the education system, we are supposed [choosing / to choose] the type of schooling.

해설 be supposed to는 '~하기로 되어 있다'는 의미이다.
해석 그 교육 시스템하에 우리는 학교 교육의 유형을 선택하기로 되어 있다.

»» 정답

01 to check   02 to attend
03 to keep   04 to choose

05
We are looking for people who would be willing [assisting / to assist] in our charity.

해설 be willing to는 '기꺼이 ~하려고 하다'는 의미이다.
해석 우리는 우리 자선단체에서 기꺼이 도와주실 분들을 찾고 있는 중입니다.

06
We are looking forward to [receive / receiving] more information.

해설 look forward to ing는 '학수고대하다'는 의미로 전치사 to 뒤에 동명사가 온다.
해석 우리는 더 많은 정보를 받을 것을 학수고대하고 있습니다.

07
They can help to protect the soil and prevent the river [from flooding / to flood].

해설 prevent O from ing 'O가 ing하는 것을 막다'는 의미이다.
해석 그들이 토양을 보호하고 강의 범람을 막는 것을 도울 수 있다.

08
People are likely [spending / to spend] more time with personal devices without worrying about privacy.

해설 be likely to는 '~할 것 같다'는 의미이다.
해석 사람들은 사생활 걱정 없이 개인용 전자기기를 사용하며 더 많은 시간을 보낼 것 같다.

》》》 정답

05 to assist	06 receiving
07 from flooding	08 to spend

실전 문제

3. to부정사를 목적격 보어로 취하는 동사, 관용표현

01 As we encourage more foreign tourists _____ the Jeju island, it will have substantial benefits that can last from generation to generation.

(a) to visit
(b) to be visiting
(c) visiting
(d) having visited

02 The robots may allow the owner of the cafe _____ labor costs. In fact, they can take orders and serve drinks and desserts.

(a) having reduced
(b) to be reducing
(c) reducing
(d) to reduce

03 We cannot help _____ his excellent achievement. That is to say, it is a level of achievement that has never been paralleled.

(a) to have admired
(b) admiring
(c) having admired
(d) to admire

04 The patient suddenly fell down and had difficulty in _____. After that, he became unconscious.

(a) breathing
(b) to breathe
(c) having breathed
(d) to have breathed

05 The number of people who are able _____ is increasing. However, statistics show that there are still more people using public transportation.

(a) having driven
(b) to have driven
(c) to drive
(d) driving

06 Researchers have found evidence that obese people tend _____ diets that are higher in fat than the average.

(a) to have
(b) having
(c) having had
(d) to be having

》》정답 및 해설

01 (a) to visit
- 해설 encourage는 '격려하다'의 의미로 목적격 보어자리에 to부정사를 쓰는 동사이다.
- 해석 우리가 더 많은 외국인 관광객을 제주를 방문하도록 장려함에 따라, 제주는 대대로 지속될 수 있는 상당한 이익을 가지게 될 것이다.
- 어휘 □ substantial 상당한 □ benefit 이익 □ last 지속되다 □ generation 세대

02 (d) to reduce
- 해설 allow는 '허락하다'는 의미로 목적격 보어자리에 to부정사를 쓰는 동사이다.
- 해석 그 로봇들은 카페의 주인이 인건비를 줄일 수 있도록 허용할 수도 있다. 사실상 그들은 주문을 받고 음료와 디저트를 제공할 수 있습니다.
- 어휘 □ owner 주인 □ reduce 줄이다 □ labor cost 인건비

03 (b) admiring
- 해설 cannot help -ing는 '~하지 않을 수 없다'는 의미이다.
- 해석 우리는 그의 탁월한 업적에 대해 찬사를 보내지 않을 수 없다. 즉 다시 말해, 지금까지의 그 어느 것보다도 뛰어난 업적 수준이다.
- 어휘 □ admire 찬사하다 □ excellent 탁월한 □ achievement 업적 □ parallel ~에 필적하다

04 (a) breathing
- 해설 have difficulty in -ing는 '~하는 데 어려움을 겪다'는 의미이다.
- 해석 그 환자가 갑자기 쓰러져서 호흡 곤란을 겪었다. 그 후에 그는 무의식 상태가 되었다.
- 어휘 □ patient 환자 □ breathe 숨쉬다 □ unconscious 무의식의

05 (c) to drive
- 해설 be able to는 '~할 수 있다'는 의미이다.
- 해석 운전하는 사람들의 수가 점점 더 늘어나고 있다. 하지만 통계에 따르면 대중교통을 이용하는 사람들이 여전히 더 많다.
- 어휘 □ statistic 통계수치 □ public transportation 대중교통

06 (a) to have
- 해설 tend to는 '~하는 경향이 있다'는 의미이다.
- 해석 연구자들은 비만인 사람들은 평균적인 사람들보다 지방 함량이 높은 식단을 하는 경향이 있다는 증거를 발견했다.
- 어휘 □ evidence 증거 □ obese 비만인 □ fat 지방 □ average 평균

to부정사의 역할

to부정사는 동사원형 앞에 to를 붙여 만든다. 부정사라는 말은 동사적 성격을 가지고 있지만 인칭이나 수에 의해 그 형태가 정해지지 않는다는 뜻에서 붙여졌다. to부정사는 역할에 따라 명사적 용법, 형용사적 용법, 부사적 용법의 세 가지 용법을 가진다.

용법	역할	해석
명사적 용법	주어, 목적어, 보어 역할	~하기, ~하는 것
형용사적 용법	명사 뒤에서 수식	~할, ~할 수 있는
부사적 용법	동사, 형용사, 부사, 문장 수식	목적 : ~하기 위해서 감정의 원인 : ~해서 판단의 이유 : ~하다니 결과 : ~해서 그 결과 ~하다 조건 : 만약 ~한다면

1 가주어 · 진주어

to부정사가 주어자리에 오면 가주어 it을 써 주어야 하는 것이 의무적인 것은 아니지만 문장의 간결성을 위해서 주어를 it으로 대체하고 to부정사를 문장의 끝으로 보내준다.

e.g. **To finish the project in time** is impossible.
→ It is impossible **to finish the project in time**.
제시간에 그 프로젝트를 끝내는 것은 불가능하다.

2 형용사적 용법

to부정사가 명사의 뒤에서 수식하는 후치수식으로 쓰인다. 대부분 '~할, ~할 수 있는'으로 해석한다.

e.g. I need something **to eat**. 나는 무언가 먹을 것이 필요해.
There is no chair **to sit on**. 앉을 의자가 없어.

3 부사적 용법 - 목적

부사적 용법은 문장에서 부연설명 역할을 하고, 목적의 의미로 쓰였을 때 '~하기 위해서'로 해석한다.

e.g. I went to America **to study English**. 나는 영어공부를 하기 위해 미국에 갔다.

기초 다지기

4. to부정사의 역할

01 It is easy for people [to get / to have gotten] cold drinks with ice in cafes or restaurants.

해설 가주어 it이 있고 뒤에는 진주어가 필요한 자리이므로 to부정사가 적절하다. to have pp는 to부정사의 완료시제로 주절의 동사보다 더 이전 일을 나타낼 때 쓰므로 적절하지 않다.

해석 사람들이 까페나 음식점에서 얼음이 들어간 찬 음료를 사 먹는 것은 쉽다.

02 It was hard [to be understading / to understand] how so many people were excited about the weird fashion.

해설 가주어 it이 있고 뒤에는 진주어가 필요한 자리이므로 to부정사가 적절하다.

해석 왜 그렇게 많은 사람들이 그 이상한 패션을 좋아했는지 이해할 수 없었다.

03 At this time of year, the shops and theatres are full of the toys [to please / to have pleased] children.

해설 to부정사가 앞에 있는 명사를 수식하는 형용사적 용법으로 쓰였다. to have pp는 to부정사의 완료시제로 주절의 동사보다 더 이전 일을 나타낼 때 쓰므로 적절하지 않다.

해석 매년 이맘때에 가게와 영화관은 아이들을 기쁘게 해 줄 수 있는 장난감들로 가득 차 있다.

04 [To have met / To meet] the needs of the customers, you need to find out what they really want.

해설 완전절과 함께 쓰인 to부정사의 부사적 용법으로 '~하기 위해서'의 목적의 의미가 적절하다. to have pp는 to부정사의 완료시제로 주절의 동사보다 더 이전 일을 나타낼 때 쓰므로 적절하지 않다.

해석 고객들의 요구 사항을 충족시키기 위해서는 고객이 진정으로 원하는 것이 무엇인지 찾아야 합니다.

》》정답

01 to get   02 to understand
03 to please   04 To meet

05 Robots are not much faster than humans and do not recognize voice commands, so there seems to be a long way [going / to go].

해설 to부정사가 앞에 있는 명사를 수식하는 형용사적 용법으로 쓰여 '~할, ~할 수 있는'으로 해석한다.
해석 로봇은 인간보다 그다지 빠르지도 않을뿐더러 음성 명령을 인식하지도 못하기 때문에 아직은 갈 길이 멀어 보인다.

06 When Tom's parents passed away, he didn't have anyone [depending on / to depend on].

해설 to부정사가 앞에 있는 명사를 수식하는 형용사적 용법으로 쓰여 '~할, ~할 수 있는'으로 해석한다.
해석 탐의 부모님이 돌아가셨을 때 그는 의지할 사람이 없었다.

07 It is not justifiable [to discriminate / to be discriminating] against people based on gender or race.

해설 가주어 it이 있고 뒤에는 진주어가 필요한 자리이므로 to부정사가 적절하다.
해석 성별이나 인종을 근거로 사람을 차별하는 것은 정당하지 않다.

08 We are not in a position [to provide / having provided] an opinion about the incident we know nothing about.

해설 to부정사가 앞에 있는 명사를 수식하는 형용사적 용법으로 쓰여 '~할, ~할 수 있는'으로 해석한다.
해석 저희는 모르는 사건에 대해 의견을 제시할 입장이 안 됩니다.

》》 정답

05 to go   06 to depend on
07 to discriminate   08 to provide

실전 문제

4. to부정사의 역할

01 Outdoor sports are influenced by the weather. For instance, if it rains heavily, baseball games can be canceled or delayed, and it is difficult _____ baseball during the cold and snowy winter.

(a) to be playing
(b) having played
(c) to have played
(d) to play

02 The number of abandoned dogs is increasing with the worsening of the economy. Unfortunately, it is impossible _____ all of them in shelters. Consequently, most of the stray dogs die on the streets from starvation.

(a) to keep
(b) to be keeping
(c) having kept
(d) to be keeped

03 The government should try its best _____ its vaccination program for 90 percent of the nation's total population.

(a) having implemented
(b) implementing
(c) to implement
(d) to have implemented

04 The organization argue that "Prohibiting people from praying not just infringes upon their freedom of religion but also suppresses their right _____ their religious beliefs."

(a) to have expressed
(b) to express
(c) expressing
(d) having expressed

05 _____ whales' eating habits, scientists have conducted some experiments. but they have always found it difficult because of their size and obligate ocean life.

(a) To study
(b) To be studying
(c) To be studied
(d) Studied

06 As the stock market has been unstable for the past few months and tech stocks especially have been declining, some investors have even more reasons _____ about their portfolios.

(a) worrying
(b) having worried
(c) to worry
(d) to be worrying

>>> 정답 및 해설

01 (d) to play
- 해설: 가주어 it이 있고 뒤에는 진주어가 필요한 자리이므로 to부정사가 적절하다.
- 해석: 야외 스포츠는 날씨의 영향을 받는다. 예를 들어 비가 많이 오면 야구 경기는 취소되거나 지연될 수 있고 날씨가 춥고 눈이 오는 겨울 동안에는 야구를 하기가 힘들다.
- 어휘: □ Outdoor sport 야외 스포츠 □ influence 영향을 주다 □ baseball 야구
  □ cancel 취소하다 □ delay 미루다

02 (a) to keep
- 해설: 가주어 it이 있고 뒤에는 진주어가 필요한 자리이므로 to부정사가 적절하다.
- 해석: 경기가 악화되면서 유기견의 숫자가 늘고 있다. 안타깝게도, 그들 모두를 보호소에서 관리하는 것은 불가능하다. 결과적으로 대부분의 길 잃은 유기견들은 길에서 굶주려 죽는다.
- 어휘: □ abandoned 버려진 □ worsening 악화 □ shelter 보호소 □ unfortunately 불행히도
  □ consequently 결과적으로 □ starvation 굶주림

03 (c) to implement
- 해설: 완전절과 함께 쓰인 to부정사의 부사적 용법으로 '~하기 위해서'의 목적의 의미가 적절하다.
- 해석: 정부는 인구의 90퍼센트 백신 접종 프로그램을 실행하기 위해 최선을 다해야 한다.
- 어휘: □ government 정부 □ implement 실행하다 □ vaccination 백신 □ population 인구

04 (b) to express
- 해설: to부정사가 앞에 있는 명사를 수식하는 형용사적 용법으로 쓰여 '~할, ~할 수 있는'으로 해석한다.
- 해석: 그 단체는 "사람들에게 기도를 금지하는 것은 그들의 종교의 자유를 침해하는 것뿐만 아니라 그들의 종교적 믿음을 표현하는 권리도 억압하는 것이다"라고 주장한다.
- 어휘: □ organization 단체 □ prohibit 금하다 □ pray 기도하다 □ infringe 침해하다
  □ religion 종교 □ suppress 억압하다 □ right 권리 □ express 표현하다
  □ religious 종교적인

05 To study
- 해설: 완전절과 함께 쓰인 to부정사의 부사적 용법으로 '~하기 위해서'의 목적의 의미가 적절하다.
- 해석: 고래들의 식습관을 연구하기 위해서 과학자들은 몇 가지 실험을 해왔다. 그러나 그들은 고래들의 크기와 반드시 해양에 서식해야 하는 삶 때문에 항상 그것이 어렵다는 것을 발견했다.
- 어휘: □ whale 고래 □ habit 습관 □ conduct 수행하다 □ experiment 실험 □ obligate 필수의

>>> 정답 및 해설

06 (c) to worry

해설 to부정사가 앞에 있는 명사를 수식하는 형용사적 용법으로 쓰여 '~할, ~할 수 있는'으로 해석한다.

해석 주식시장이 지난 몇 달간 불안정해지고 특히 기술분야 주식이 하락하면서, 몇몇 투자자들은 그들의 포트폴리오에 대해 걱정할 이유가 훨씬 더 많이 생겼다.

어휘 ☐ stock market 주식시장 ☐ unstable 불안정한 ☐ decline 감소하다 ☐ investors 투자자

5 동명사의 역할

동명사는 동사원형에 -ing를 붙인 형태로 '~하는 것'이라고 해석한다. 문장 안에서는 명사처럼 주어, 보어, 타동사와 전치사의 목적어 역할을 한다.

1 주어 역할

동명사는 주어자리에 쓸 수 있다. to부정사도 주어자리에 올 수 있지만 지텔프 시험에서는 좀 더 일반적으로 많이 쓰는 동명사가 정답이 된다.

e.g. Teaching requires great tact.
가르치는 것은 굉장한 요령을 요구한다.

2 목적어 역할

동명사는 타동사의 목적어자리와, 전치사의 목적어로 쓸 수 있다.

e.g. I enjoy reading books. 나는 책을 읽는 것을 즐긴다.
I am looking forward to seeing you. 나는 너를 보기를 학수고대해.

3 보어 역할

보어자리에 동명사가 올 수 있다.

e.g. My hobby is watching movies. 내 취미는 영화를 보는 것이다.

기초 다지기

5. 동명사의 역할

01 [To Use / Using] the skills that they learned in school would be useful in life.

해설 주어자리에 동명사와 to부정사가 올 수 있지만 지텔프 시험에서는 좀 더 뉘앙스가 자연스럽고 일반적으로 많이 쓰는 동명사가 정답이 된다.

해석 그들이 학교에서 배운 기술들을 사용하는 것은 삶에서 유용하게 될 것이다.

02 The fund will cover the expenditure of [to implement / implementing] the new policy.

해설 동명사는 전치사의 목적어로 쓸 수 있지만 to부정사는 불가능하다.

해석 그 기금은 새 정책을 수행하는 데 드는 지출을 충당할 것이다.

03 Habit can be the backbone for [to achieve / achieving] success.

해설 동명사는 전치사의 목적어로 쓸 수 있지만 to부정사는 불가능하다.

해석 습관은 성공을 성취하는 기본이 될 수 있다.

04 After [to exchange / exchanging] the usual greetings, they got down to the discussion.

해설 After가 전치사로 쓰였고 목적어로 취할 수 있는 것은 동명사이다.

해석 일상적 인사를 주고받은 뒤 그들은 토론에 들어갔다.

> 정답
01 Using   02 implementing
03 achieving   04 exchanging

05 The problem is [transmitting / having transmitted] the energy from areas where solar energy is plentiful to areas where it is lacking.

> 해설 보어자리에는 동명사가 올 수 있다. having pp는 동명사의 완료시제로 주절의 동사보다 더 이전의 일을 나타낼 때 쓰는 것이므로 적절하지 않다.
>
> 해석 태양 에너지가 풍부한 곳으로부터 그것이 부족한 곳까지 에너지를 전달하는 것이 문제다.

06 His other hobby is [to answer / answering] the riddles, which countless people have had a stab at solving.

> 해설 동명사와 to부정사는 주격 보어자리에 모두 올 수 있지만 지텔프 시험에서는 좀 더 자연스러운 뉘앙스의 동명사가 정답이 된다.
>
> 해석 그의 다른 취미는 무수한 사람들이 풀려는 시도를 해 본 수수께끼를 푸는 것이다.

07 There are a few things that swimmers should be aware of to enjoy [to swim / swimming] in the sea.

> 해설 enjoy는 동명사를 목적어로 취하는 동사이다. enjoy가 to부정사(to enjoy)로 쓰여도 동사일 때와 목적어를 동일하게 취한다.
>
> 해석 바다에서 수영을 즐기기 위해 해수욕객들이 알아야 할 것들이 몇 가지 있다.

08 [To study / Studying] literature enables us to discriminate good books from bad ones.

> 해설 주어자리에 동명사와 to부정사가 올 수 있지만 지텔프 시험에서는 좀 더 뉘앙스가 자연스럽고 일반적으로 많이 쓰는 동명사가 정답이 된다.
>
> 해석 문학을 공부하는 것은 우리가 좋은 책과 그렇지 않은 책을 구별할 수 있게 해준다.

》》정답

05 transmitting 06 answering
07 swimming   08 Studying

실전 문제

01 There can be no nation that can enjoy richness of life without the development of its culture, even if it succeeds in _____ rapid economic development.

(a) to achieve
(b) achieving
(c) to be achieving
(d) to have achieved

02 The research suggests that _____ a good memory means you are at lower risk of developing the brain disease such as Alzheimer's.

(a) having had
(b) having
(c) to have had
(d) to have

03 Having a free traveler's insurance is better than not having one at all, but travelers need to realize the coverage is lacking in some aspects, so experts advise them to purchase additional insurance before _____.

(a) having left
(b) to have left
(c) to leave
(d) leaving

04 While it is possible to slow down the progression of dementia with proper care, many patients and their family members experience _____ from difficulties as it is not easy to find caregivers.

(a) to be suffering
(b) to have suffered
(c) to suffer
(d) suffering

05 Old mobile phones have been left useless. The ways of recycling old mobile phones are selling them as used phones, _____ them to other countries or using components found in them.

(a) to have exported
(b) to export
(c) exporting
(d) having exported

06 We have developed our business by _____ a customer-centered philosophy with state-of-the-art products, utilizing the latest technology.

(a) combining
(b) to combine
(c) to have combined
(d) to be combining

정답 및 해설

01 (b) achieving
- **해설** 동명사는 전치사의 목적어로 쓸 수 있다.
- **해석** 비록 급속한 경제 발전에서 성공한다 할지라도 문화의 발전 없이 삶의 풍요를 즐길 수 있는 나라는 없을 것이다.
- **어휘** □ nation 나라 □ richness 풍요 □ development 발달 □ culture 문화 □ succeed 성공하다 □ rapid 빠른 □ economic 경제적인

02 (b) having
- **해설** 주어자리에 동명사와 to부정사가 올 수 있지만 지텔프 시험에서는 좀 더 뉘앙스가 자연스럽고 일반적으로 많이 쓰는 동명사가 정답이 된다. (a)는 동명사의 완료시제이므로 답이 될 수 없다.
- **해석** 그 연구는 좋은 기억력을 가지는 것은 알츠하이머병과 같은 뇌관련 병 발달의 위험이 더 낮다는 것을 의미한다고 암시한다.
- **어휘** □ suggest 암시하다 □ memory 기억력 □ lower 더 낮은 □ Alzheimer's 알츠하이머병

03 (d) leaving
- **해설** before는 전치사로 쓰였으므로 뒤에 동명사가 목적어로 온다. (a)는 동명사의 완료시제이므로 답이 될 수 없다.
- **해석** 무료 여행보험은 없는 것보다 낫지만 여행자들은 보장범위가 몇몇 측면들에서는 부족하다는 것을 깨달을 필요가 있다. 그래서 전문가들은 여행자들에게 떠나기 전에 추가적 보험에 들것을 조언한다.
- **어휘** □ traveler's insurance 여행자 보험 □ coverage 보장범위 □ aspect 측면 □ purchase 구매하다 □ additional 추가적인

04 (d) suffering
- **해설** experience는 동명사를 목적어로 취하는 동사이다.
- **해석** 적절한 보살핌으로 치매의 진행을 늦추는 것은 가능하지만 간병인을 찾는 것이 쉽지 않기 때문에 많은 환자들과 가족들은 어려움으로부터 고통받는 것을 경험한다.
- **어휘** □ slow down 늦추다 □ progression 진행 □ dementia 치매 □ proper 적절한 □ caregiver 간병인

05 (c) exporting
- **해설** 보어자리에 동명사가 올 수 있다. 또한 위의 문장에서 빈칸의 앞 뒤에도 모두 보어자리에 동명사가 왔으므로 병렬구조로 일치시켜 준다.
- **해석** 오래된 휴대폰들은 쓸모없는 채 방치되어 왔다. 오래된 휴대폰들을 재활용하는 방법들에는 그것들을 중고폰으로 파는 것, 다른 나라로 수출하는 것, 혹은 그 안의 구성품들을 이용하는 것이다.
- **어휘** □ recycle 재활용하다 □ export 수출하다 □ component 구성품

> **정답 및 해설**

06 (a) combining

해설 동명사는 전치사의 목적어로 쓸 수 있다.

해석 우리는 고객 중심의 철학과 최신 기술을 이용한 최첨단 제품들을 통합하여 사업을 발달시켜 왔습니다.

어휘 □ develop 발달시키다 □ combine 합치다 □ customer-centered 고객 중심의 □ philosophy 철학 □ state-of-the-art 최첨단의 □ utilize 이용하다 □ latest 최신의

Chapter 05 / 연결어

형식이나 의미상 연결해주며 부연 설명 역할을 하는 품사로는 전치사, 접속사, 접속부사가 있다. 전치사는 뒤에 명사가 오고, 접속사(부사절)는 뒤에 절이 오고, 접속부사는 두 절을 연결하는 역할은 못 하지만 의미만 부여해주는 부사 역할을 한다. 지텔프에서는 이 세 가지를 구분하는 문제가 나온다. 품사가 같은 경우에는 해석이 필요하다.

Tip

- 문항 수 : 2문항
- 출제 범위 : 접속사, 전치사, 접속부사
- 단서 : ① 해석을 통한 앞 문장과 뒷 문장의 관계 확인
  ② 부사절 접속사 vs 전치사 문제의 경우 뒤에 절이 오는지 명사가 오는지 확인
  ③ 부사절 접속사 vs 접속부사 문제의 경우 두 절을 연결하고 있는지 아닌지 확인
- 주의할 점 : 품사가 같은 보기일 경우에는 해석 문제

1 접속사와 전치사

1 부사절 접속사

두 개의 완전한 절을 연결할 때 부사절 접속사가 필요하다. 부사절 접속사는 주절에 종속되어 부연 설명을 하는 역할이고, 부사절의 위치는 주절의 앞이나 뒤에 올 수 있다. 시간, 이유, 목적, 결과, 조건, 양보, 양태, 비교 등의 의미를 가진다.

❶ 형식 : 부사절 접속사 + S(주어) + V(동사), S(주어) + V(동사).
　　　　S(주어) + V(동사), 부사절 접속사 + S(주어) + V(동사).
❷ 의미 : 시간, 이유, 목적, 결과, 조건, 양보, 양태, 비교 등

① 시간의 의미의 접속사

- when : ~때
- while : ~동안에
- as soon as : ~하자마자
- after : ~후에
- since : 이래로
- whenever : ~할 때는 언제든지
- as : ~하면서, ~함에 따라서, ~할 때
- before : ~전에
- until, till : ~까지
- once : ~하자마자, ~할 때

e.g. **When** I came, she had already left. 내가 집에 왔을 때 그녀는 이미 떠났다.
It has been ten years, **since** I met you. 내가 너를 만난 지 10년이 되었다.
As soon as I arrive, I will call you. 내가 도착하자마자 전화할게.

② 장소의 의미의 접속사

- wherever 어디에나

e.g. **Wherever** she goes, she draws attention to herself.
그녀가 어딜 가든, 그녀는 이목을 끈다.

③ 조건의 의미의 접속사

- if 만약 ~라면
- unless ~하지 않으면
- assume that, assuming that ~라고 가정하면
- given that ~를 고려하면
- suppose that, supposing that ~라고 가정하면
- in case ~한 경우에
- provided that, providing that ~한다면
- as long as, as far as ~하는 한
- on condition that ~라는 조건으로

e.g. **If** you want some more, feel free to ask me.
만약 더 원하면, 나에게 언제든 물어봐.
Unless you are full, have some more. 배부르지 않으면 더 먹어.
Given that she likes children, teaching is the right job for her.
그녀가 아이들을 좋아한다는 점을 고려하면 가르치는 것은 그녀에게 적합한 직업이다.

④ 이유의 의미의 접속사

- because, as, since : 때문에
- in that : ~라는 점에서
- now that : ~이니까

e.g. He is in hospital because he had an accident.
그는 사고가 났기 때문에 병원에 있다.

Now that you are in charge, you can take care of the files.
네가 담당이니까 그 파일들은 네가 보살피면 된다.

⑤ 목적의 의미의 접속사

- so that, in order that : ~하기 위해서

e.g. I bought him a phone so that I could reach him.
= I bought him a phone in order that I could reach him.
나는 그에게 연락하기 위해서 그에게 폰을 사줬다.

⑥ 결과의 의미의 접속사

- so 형용사, 부사 that : 너무 ~해서 ~하다
- such 명사 that : 너무 ~해서 ~하다

e.g. He spoke so fast that I could not understand it.
그는 너무 빨리 말해서 내가 그것을 이해할 수 없었다.

He spoke with such a clear voice that I could understand every word.
그는 너무 명백한 목소리로 말해서 나는 모든 말을 이해할 수 있었다.

⑦ 양보/대조 의미의 접속사

- though, although, even if, even though : 비록 ~일지라도
- whereas, while : 반면에
- no matter how = however : 아무리 ~ 해도

e.g. Although I was bored, I paid attention to what she was saying.
지루했음에도 불구하고 나는 그녀가 말하는 것에 주의를 기울였다.

While I have many friends, I feel sometimes lonely.
나는 친구가 많지만 가끔은 외롭다.

⑧ 양태의 의미의 접속사

- as : ~인 것처럼, ~하듯이
- as if, as though : 마치 ~하듯이

e.g. **As** you know, Ann is leaving soon. 너도 알다시피, 앤은 곧 떠나.
She spoke **as if** she were my friend. 그녀는 마치 내 친구인 것처럼 말했다.

2 유사의미의 부사절 접속사와 전치사 구별

부사절 접속사 뒤에는 절이 연결되고, 전치사 뒤에는 명사가 연결된다. 따라서, 같은 의미로 쓰이는 부사절 접속사와 전치사는 해석은 같지만 기능적으로 다르므로 구별해두어야 한다.

❶ 형식 : 부사절 접속사 + S(주어) + V(동사)
　　　　 전치사 + 명사

	전치사	부사절 접속사
~때문에	because of	because, as, since, now that
~에도 불구하고	despite, in spite of	although, though, even though, even if

e.g. **Despite** darkness, he didn't turn on the light.
Though it was dark, he didn't turn on the light.
어두워졌음에도 불구하고, 그는 불을 켜지 않았다.

기초 다지기

1. 접속사와 전치사

01 Owls are nocturnal [once / as] they are active at night.
> 해설 앞뒤 문장이 인과관계이므로 '~때문에'라는 의미의 접속사 as가 필요하다.
> 해석 부엉이들은 밤에 활동하기 때문에 야행성이다.

02 [Alhough / Despite] he hurt his leg, he completed the marathon.
> 해설 although는 부사절 접속사, despite은 전치사이다. 뒤에 절이 연결되므로 접속사 although가 와야 한다.
> 해석 그가 다리를 다쳤음에도 불구하고 그는 마라톤을 완주했다.

03 [While / In spite of] I was waiting for you, I saw your mom walking along the street.
> 해설 while은 '~동안에'의 의미를 가진 접속사로 뒤에 절이 오고, in spite of는 '~에도 불구하고'의 의미를 가진 전치사로 뒤에 명사가 온다.
> 해석 내가 너를 기다리는 동안에 나는 너의 어머님이 길을 따라 걷는 것을 봤다.

04 The stain was so small [that / which] I could not recognize it.
> 해설 so ~ that은 '너무 ~해서 ~하다'는 의미의 접속사이다.
> 해석 그 얼룩이 너무 작아서 내가 그것을 알아볼 수 없었다.

》 정답

01 as   02 Although
03 While   04 that

05 [If / Unless] you want to make a mistake, you need to practice harder.

해설 의미상 '~하지 않으면'의 의미가 필요하므로 unless가 적절하다.
해석 실수하고 싶지 않으면 너는 더 열심히 연습할 필요가 있다.

06 [Whenever / Since] he tries to shut down his computer, it gives him an error message.

해설 '~할때는 언제든지'의 의미가 필요하므로 Whenever가 적절하다.
해석 그가 컴퓨터를 종료하려고 할 때마다 에러 창이 뜬다.

07 Some people cannot sleep [because / even though] they have insomnia.

해설 앞뒤 문장이 인과관계이므로 '~때문에'라는 의미의 접속사 because가 필요하다.
해석 어떤 사람들은 불면증 때문에 못 잔다.

08 [Though / Despite] all these obstacles, he refused to give up.

해설 뒤에 명사가 왔으므로 전치사가 필요한 자리이다. though는 부사절 접속사, despite은 전치사이다.
해석 이 모든 장애물들에도 불구하고 그는 포기하지 않으려 했다.

≫ 정답

05 Unless 06 Whenever
07 because 08 Despite

실전 문제

1. 접속사와 전치사

01 Smallpox, a serious infectious disease, is rapidly spreading and _____ you get vaccinated, its effects will be fatal. It usually causes a high fever and often death.

(a) as soon as
(b) while
(c) if
(d) unless

02 The economic recession has continued for months and almost all businesses have become hopeless. However, _____ the gloomy economic forecasts, the manufacturing sector has a bright outlook.

(a) despite
(b) although
(c) in case
(d) since

03 Fine dust, which refers to airborne particles smaller than 10 micrometers, has been known to cause various respiratory problems _____ it is also negatively affecting the immune system.

(a) while
(b) even if
(c) despite
(d) until

04 48 percent of respondents said they minded talking on the phone _____ they were accustomed to communicating through mobile messengers.

(a) though
(b) wherever
(c) because
(d) unless

05 _____ the strike was expected to cause traffic chaos, most people said that it was not significant. Only a few commuters had difficulties catching a taxi in the morning.

(a) In spite of
(b) Supposing that
(c) Since
(d) Although

06 We are consistently taking measures to prevent illegal programs, which are being added _____ the game is updated. Hence, things are getting better.

(a) whenever
(b) despite
(c) since
(d) because of

≫ 정답 및 해설

01 (d) unless

해설 예방접종을 하지 않으면 치명적일 것이다는 의미로 '~하지 않으면'의 의미의 접속사 unless가 적절하다.

해석 심각한 전염병인 천연두는 급속도로 퍼지고 있고 예방접종을 하지 않으면 그 영향은 치명적일 것이다. 천연두는 보통 고열이 나게 하고 종종 사망을 야기한다.

어휘 ☐ smallpox 천연두 ☐ infectious disease 전염병 ☐ fatal 치명적인 ☐ fever 열

02 (a) despite

해설 뒤에 명사가 있으니 전치사가 필요한 자리이고 '~에도 불구하고'의 의미가 필요하므로 despite이 적절하다.

해석 경기침체가 수개월간 이어져 왔고 거의 모든 사업들이 절망적이게 되었다. 하지만 침울한 경제 전망에도 불구하고 제조업 부분은 밝은 전망을 가진다.

어휘 ☐ economic recession 경기침체 ☐ hopeless 희망 없는 ☐ forecast 예측
☐ manufacturing 제조업 ☐ outlook 전망

03 (a) while

해설 미세먼지가 면역체계에 부정적으로 영향을 주면서 다양한 호흡기 문제들을 야기시킨다고 했으므로 '~동안에'라는 의미의 while이 적절하다.

해석 미세먼지는 10마이크로미터 이하의 공기 중에 떠다니는 입자를 나타내는데 면역체계에 부정적으로 영향을 주는 동안 다양한 호흡기 질환을 일으키는 것으로 알려져 있다.

어휘 ☐ fine dust 미세먼지 ☐ airborne 공기 중에 떠다니는 ☐ particle 입자
☐ respiratory 호흡기의 ☐ immune 면역의

04 (c) because

해설 인과관계를 나타내고 있기 때문에 '~ 때문에'의 의미인 because가 적절하다.

해석 48%의 응답자들은 모바일 메신저를 통한 의사소통에 익숙해져 있어 전화통화를 꺼린다고 답했다.

어휘 ☐ respondent 응답자 ☐ be accustomed to ~에 익숙하다

05 (d) Although

해설 앞뒤의 내용이 반대 내용이고 뒤에 절이 연결되므로 '~에도 불구하고'의 의미를 가지는 although가 적절하다.

해석 이번 파업은 도심에 교통 혼란을 일으킬 것으로 예상되었지만 많은 사람들은 영향이 크지 않았다고 말했다. 오직 일부의 통근자들만 아침에 택시를 잡는 데 어려움을 겪었다고 한다.

어휘 ☐ strike 파업 ☐ chaos 혼란 ☐ significant 중대한 ☐ commuter 통근자

>>> 정답 및 해설

06 (a) whenever

해설 '~할 때마다'의 의미의 접속사 whenever가 필요하다.

해석 우리는 불법 프로그램들을 예방하기 위해 지속적으로 조치를 취하고 있으며 이는 게임이 업데이트될 때마다 추가되고 있다. 따라서, 상황은 나아지고 있다

어휘 ☐ consistently 지속적으로 ☐ measure 조치 ☐ prevent 예방하다 ☐ illegal 불법적인

2 접속부사

접속부사는 두 문장을 의미상으로 연결해주는 역할을 한다. 하지만 접속부사의 품사는 부사이므로 두 개의 절을 연결시켜주는 접속사 기능을 하지는 못한다.

❶ 형식 : S(주어) + V(동사). 접속부사, S(주어) + V(동사).
　　　　S(주어) + V(동사), 접속부사 S(주어) + V(동사). (×)
❷ 의미 : 시간, 예시, 유사, 추가, 재진술, 강조, 역접, 대조, 요약, 결론 등

1 시간의 의미의 접속부사

- at first : 처음에
- first of all, to start(begin) with : 우선
- above all : 무엇보다도
- afterwards : 그 후에
- subsequently : 그 이후
- in the meantime, meanwhile : 그러는 동안
- simultaneously : 동시에

e.g. **At first**, the place was strange to him.
처음에는 그 장소가 그에게 낯설었다.

To begin with, we have to find what the problem is.
우선 우리는 문제점이 무엇인지 찾아야 한다.

2 예시의 의미의 접속부사

- for example, for instance : 예를 들어

e.g. **For example**, let us suppose that you are married.
예를 들어, 당신이 기혼자라고 가정해보자.

3 유사의 의미의 접속부사

- similarly, likewise : 유사하게도
- in the same way(manner) : 같은 방식으로
- equally : 동등하게

e.g. **Likewise**, air is an essential factor for living.
유사하게도 공기는 생존에 있어서 필수적인 요인이다.

4 추가의 의미의 접속부사

- also, additionally, in addition, besides, further, furthermore, moreover : 게다가

e.g. I don't really want to go there. **Besides,** it's too late now.
내가 그곳에 꼭 가고 싶은 건 아냐. 게다가 지금은 너무 늦었어.

5 재진술의 의미의 접속부사

- that is (to say), in other words, namely : 즉, 다시 말해

e.g. **In other words,** smog can be harmful for senior citizens.
즉, 스모그는 노인들에게 해로울 수 있다.

6 강조의 의미의 접속부사

- in fact, as a matter of fact, actually, indeed : 사실상
- definitely, clearly, obviously, certainly, surely : 확실히, 명백히
- especially, in particular, particularly : 특히

e.g. **In fact,** they have something in common.
사실, 그들은 공통점을 가지고 있다.

7 역접의 의미의 접속부사

- however : 그러나
- nevertheless, nonetheless, notwithstanding, still : 그럼에도 불구하고
- otherwise : 그렇지 않으면
- even so : 그렇기는 하지만

e.g. **Nevertheless,** not all children like healthy food.
그럼에도 불구하고 모든 어린이들이 건강에 좋은 음식을 좋아하는 것은 아니다.

8 대조의 의미의 접속부사

- conversely : 반대로
- in contrast, on the contrary : 대조적으로
- on the other hand : 반면에

e.g. **In contrast,** the teenagers in Korea sleep 6 hours of sleep per night on average.
대조적으로 한국의 10대들은 밤에 평균적으로 6시간을 잔다.

9 요약의 의미의 접속부사

- in brief, in short, to sum up, in sum, in summary : 요약하면
- in a nutshell : 간결히 말하면

e.g. **In short,** we live in the digital age.
요약하면, 우리는 디지털 시대에 살고 있다.

10 결론의 의미의 접속부사

- finally, eventually, in the end : 마침내, 결국
- in consequence, consequently, as a result, in result : 결과적으로
- hence, thus, therefore : 따라서

e.g. **In the end,** the search was called off.
결국 그 수색은 취소되었다.

11 기타 접속부사

- fortunately : 다행히도
- unfortunately : 불행히도
- instead : 대신에
- rather : 오히려
- by all means : 무슨 수를 쓰더라도

e.g. **Unfortunately,** the plan backfired.
불행히도 그 계획은 역효과를 낳았다.

기초 다지기

2. 접속부사

01 You may think that the price of this product is high. [Otherwise / However], the quality is the best on the market.

> 해설 가격이 높다고 생각할지 모르지만 품질이 좋다는 내용이므로 '그러나'의 의미를 가지는 however가 적절하다.
> 해석 아마 이 상품의 가격이 높다고 생각할지도 모릅니다. 하지만 품질은 시장에서 최고입니다.

02 My brother lent me the money. [Finally / Otherwise], I couldn't have afforded to pay the tuition.

> 해설 형이 돈을 빌려주지 않았으면 수업료를 못 냈을 것이라는 의미이므로 '그렇지 않으면'의 의미인 otherwise가 적절하다.
> 해석 형이 내게 그 돈을 빌려주셨다. 그렇지 않았으면 내가 수업료를 낼 형편이 안 되었을 것이다.

03 She suddenly canceled her lunch appointment. [Likewise / Instead], she promised to buy me dinner next time.

> 해설 그녀가 점심약속을 취소한 대신 다음에 저녁약속을 했다는 내용이므로 '대신에'의 의미인 instead가 적절하다.
> 해석 그녀는 점심 약속을 갑자기 취소했다. 대신에 그녀는 다음에는 꼭 저녁을 살 것을 약속했다.

04 The appearance of vegetables is more important than expected. [Nonetheless / For example], if a cucumber looks too curvy or bumpy, it is not allowed to be sold.

> 해설 야채의 외관이 중요하다는 예시가 연결되므로 '예를 들어'의 의미인 for example이 적절하다.
> 해석 야채의 외관은 생각보다 중요하다. 예를 들어, 오이가 너무 굽거나 울퉁불퉁해 보이면, 판매가 허용되지 않는다.

》》 정답

01 However
02 Otherwise
03 Instead
04 For example

05 He didn't have many friends and enjoyed being alone. [In other words / For instance], he was not sociable.

> 해설 앞 문장의 내용과 뒷 문장의 내용이 같으므로 '즉, 다시 말해'라는 의미의 in other words가 적절하다.
>
> 해석 그는 친구가 많지 않았고 혼자 있는 것을 즐겼다. 즉, 다시 말해, 그는 사회성이 없었다.

06 There is little possibility that we will succeed in revising the law. [Therefore / Even so], it is important to try.

> 해설 법률을 개정할 가능성은 거의 없어도 시도는 해야 한다는 의미이므로 '그렇기는 하지만'의 의미인 even so가 적절하다.
>
> 해석 우리가 그 법률 개정에 성공할 가능성은 거의 없다. 그렇기는 하지만 시도를 하는 것이 중요하다.

07 Some students are reluctant to wear school uniforms. That's because they think that wearing school uniforms tends to repress individuality. [Moreover / However], most school uniforms are not fashionable.

> 해설 학생들이 교복을 꺼리는 이유가 연결되므로 '게다가'의 의미인 moreover가 적절하다.
>
> 해석 몇몇 학생들은 교복을 입는 것을 꺼린다. 그들은 교복이 개성을 억압하는 경향이 있다고 생각하기 때문이다. 게다가 대부분의 교복은 멋지지 않다.

08 Studies have shown that most virus infections are caused by not keeping hands clean. [Therefore / Similarly], using hand sanitizers will be very helpful to prevent those infections.

> 해설 손을 청결히 하지 않으면 감염에 걸릴 수 있으니 손 세정제를 사용해서 감염예방하자는 내용이므로 '따라서'의 의미인 therefore가 적절하다.
>
> 해석 연구는 바이러스에 의한 대부분의 감염은 손을 청결하게 하지 않아서 걸린다고 밝혔다. 따라서 손 세정제를 사용하는 것은 감염을 예방하기에 아주 도움이 될 것이다.

》》 정답

05 In other words	06 Even so
07 Moreover	08 Therefore

실전 문제

01 These all small retail businesses used to line the streets of cities everywhere. Today, _____, the small independent shops are almost all gone, and big chain stores have moved in to replace them.

(a) despite
(b) therefore
(c) however
(d) unless

02 Cultural differences can cause students a great deal of trouble. _____, it is extremely important for everyone in class to clearly understand cultural differences.

(a) In contrast
(b) Moreover
(c) Therefore
(d) Instead

03 Any contract that calls for criminal wrongs is not a valid contract. _____, a contract in which one person agrees to beat up another person in exchange for money is not an enforceable contract because it calls for a criminal act.

(a) On the contrary
(b) Nevertheless
(c) Furthermore
(d) For instance

04 Firefighters cannot control when a fire starts. They just have to stop it, however inconvenient the time is. _____, police officers cannot leave a crime scene just because it is time to go home. They have to make sure the situation is safe before they leave.

(a) Likewise
(b) Although
(c) Hence
(d) For example

05 Surveillance cameras have been widely used in many places for security purposes. Their usefulness, _____, is still controversial.

(a) that is to say
(b) in sum
(c) fortunately
(d) nevertheless

06 Our desire to be accepted by others is extremely powerful. _____, many people continue to give in to peer pressure throughout their lives. Peer pressure is another form of false reasoning.

(a) Unfortunately
(b) Because
(c) In spite of
(d) Conversely

≫ 정답 및 해설

01 (c) however

해설 빈칸의 앞문장은 소규모 소매업체들이 도시의 거리에 늘어서 있곤 했다고 했으나 뒷문장에서는 모두 사라졌다고 했으므로 반대내용의 연결어가 필요하다. 따라서 '그러나'의 의미인 however가 적절하다.

해석 이 소규모의 소매업체들은 도시의 거리에 늘어서 있곤 했다. 오늘날, 그러나, 작은 독립 상점들은 거의 모두 사라졌고, 큰 체인점들은 그것들을 대체하기 위해 입주했다.

어휘 ☐ retail business 소매업   ☐ line ~를 따라 늘어서다   ☐ independent 독립적인
☐ replace 대체하다

02 (c) Therefore

해설 빈칸의 뒤에는 앞문장에 대한 결과이므로 '따라서'의 의미를 가지는 therefore가 적절하다.

해석 문화 차이는 학교에서 학생들에게 많은 문제를 야기할 수 있다. 그러므로 학급의 모든 학생들이 문화적 차이를 분명하게 이해하는 것은 매우 중요하다.

어휘 ☐ cultural 문화적인   ☐ difference 차이   ☐ a great deal of 많은   ☐ extremely 극도로

03 (d) For instance

해설 빈칸 뒤에 형사상의 잘못을 요구하는 계약은 유효한 계약이 아니라는 예시가 연결되고 있으므로 '예를 들어'의 의미인 for instance가 적절하다.

해석 형사상의 잘못을 요구하는 계약은 유효한 계약이 아니다. 예를 들어, 한 사람이 돈을 대가로 다른 사람을 때리기로 동의하는 계약은 범죄 행위를 요구하기 때문에 집행 가능한 계약이 아니다.

어휘 ☐ contract 계약   ☐ call for 요구하다   ☐ valid 유효한   ☐ enforceable 집행 가능한
☐ criminal 범죄의, 형사상의

04 (a) Likewise

해설 소방관과 경찰관의 유사한 예시가 연결되므로 '마찬가지로'의 의미인 likewise가 적절하다.

해석 소방관들은 불이 언제 시작되는지를 통제할 수 없다. 그들은 시간이 아무리 불편하더라도 불길을 막아야 한다. 마찬가지로 경찰관들은 집에 가야 할 시간이라고 해서 범죄 현장을 떠날 수 없다. 그들은 떠나기 전에 상황이 안전한지 확인해야 한다.

어휘 ☐ firefighter 소방관   ☐ inconvenient 불편한   ☐ scene 현장   ☐ situation 상황

05 (d) nevertheless

해설 감시카메라가 널리 사용되지만 여전히 논란이 많다는 내용의 반대되는 의미의 문장이 연결되므로 '그럼에도 불구하고'의 의미인 nevertheless가 적절하다.

해석 감시카메라는 보안을 위해 많은 곳에서 널리 이용되어 왔다. 그럼에도 불구하고 이들의 유용성은 여전히 논란이 많다.

어휘 ☐ surveillance camera 감시카메라   ☐ security 안전   ☐ purpose 목적   ☐ usefulness 유용함

>>> 정답 및 해설

06 (a) Unfortunately

해설 다른 사람에게 받아들여지려는 욕망이 부정적으로 작용하여 또래 압박에 굴복한다는 내용이므로 '불행히도'의 의미인 unfortunately가 적절하다.

해석 다른 사람들에게 받아들여지려는 우리의 욕망은 극도로 강하다. 불행히도 많은 사람들은 그들의 삶내내 또래 압박에 굴복한다. 또래압박은 잘못된 추론의 또 다른 형태다.

어휘 □ desire 열망 □ extremely 극도로 □ give in to 굴복하다 □ peer pressure 또래 압박
□ reasoning 추론

Chapter 06 / 관계사

관계대명사는 접속사와 대명사의 기능을 하고, 관계부사는 접속사와 부사의 역할을 한다. 지텔프에서는 관계대명사 who, which, that과 관계부사 where, when, 관계대명사의 계속적 용법 등이 출제된다.

Tip

- 문항 수 : 2문항
- 출제 범위 : 관계대명사(who/which/that), 관계부사(where/when)
- 단서 : ① 관계대명사 앞에 선행사가 사람인지, 사물인지 확인할 것
  ② 관계부사 앞에 선행사가 장소인지 시간인지 확인할 것
  ③ 관계사절 뒤에 오는 절이 완전한지 불완전한지 확인할 것
- 주의할 점 : 관계대명사 that은 계속적 용법으로 쓸 수 없음 (, that (x))

1 관계대명사

관계대명사는 선행하는 명사 뒤에서 선행사를 수식하는 형용사절을 이끈다. 선행사가 사람인지 사물인지에 따라 달라지고 뒷 문장에서 어떤 성분이 빠져 있는지에 따라 격이 달라진다. 주격 관계대명사가 이끄는 절에는 주어가 빠져 있고, 목적격 관계대명사가 이끄는 절에는 목적어가 빠져 있다.

선행사	주격	목적격
사람	who	whom
사물	which	which
사람, 사물	that	that

1 주격 관계대명사

선행사 + 주격 관계대명사(who/which/that) + 주어가 빠진 불완전절

e.g. The boy who/that is playing the piano is my brother.
피아노를 치고 있는 소년은 내 형제야.

The table which/that is white is ours.
하얀색 탁자는 우리 거야.

2 목적격 관계대명사

선행사 + 목적격 관계대명사(whom/which/that/생략) + 목적어가 빠진 불완전절

e.g. The boy whom/that you just saw is my brother.
네가 방금 본 소년은 내 형제야.

The table which/that we bought is white.
우리가 산 탁자는 하얀색이야.

기초 다지기

1. 관계대명사

01 He was a talented teacher [that / which] endeared himself to his coworkers.

해설 선행사가 teacher이므로 사람, 사물을 둘 다 받을 수 있는 that이 필요하다.
해석 그는 함께 근무하는 사람들의 사랑을 받는 재능 있는 교사였다.

02 The proportion of students that attend medical schools is higher than the proportion of students [whose / who] major in language.

해설 뒤에 major는 동사이므로 주격 관계대명사 who가 필요한 자리이다.
해석 어학 전공 학생 비율보다 의대에 다니는 학생 비율이 높다.

03 Given its size and strength, that animal must have been superior to other animals [that / whom] lived in that part of the western United States during that period.

해설 뒤에 lived는 동사이므로 주격 관계대명사 that이 필요한 자리이다.
해석 그 동물의 몸집과 힘을 고려해보면, 분명 그 시기 동안 미국 서부 지역에 살았던 다른 동물들보다 뛰어났을 것이다.

04 Korea suffers from severe fine dust in spring, [which / that] is believed to come mainly from China, and and such fine dust is the cause of air pollution.

해설 관계대명사 that은 계속적 용법으로 쓸 수 없다.
해석 한국은 봄에 주로 중국에서 유입되는 심각한 미세먼지에 시달리며 이러한 미세먼지는 대기오염의 원인이다.

>>> 정답

01 that
03 that
02 who
04 which

05
Those [who / which] had just been expelled from work were worried about their future.

해설 선행사가 사람들이므로 who가 필요하다.
해석 직장에서 막 퇴출당한 사람들은 자신의 미래에 대해 걱정하고 있었다.

06
Researchers concluded that adolescents [who / which] ate breakfast had better mental function than those who did not.

해설 선행사가 청소년들이므로 who가 필요하다.
해석 연구진은 아침을 챙겨먹는 청소년들이 그렇지 않은 경우에 비해 두뇌활동이 더욱 좋다는 결론을 내렸다.

07
Students who do not use SNS can focus more on studying than those [who / which] spend time daily looking at their friends' profile pages.

해설 선행사가 학생들이므로 who가 필요하다.
해석 SNS를 사용하지 않는 학생들은, 매일같이 친구의 프로필 페이지를 보는 데 시간을 보내는 학생들보다, 공부에 더 집중할 수 있다.

08
Prices on the stock market, [that / which] have been static, are now soaring.

해설 관계대명사의 계속적 용법으로, that은 쓸 수 없다.
해석 계속 고정되어 있던 주식 시장의 주가가 지금 치솟고 있다.

》》 정답

05 who　　　　　06 who
07 who　　　　　08 which

실전 문제

1. 관계대명사

01 The experts found that there is a link between sleep and memory. They said that people _____ have better memories than those who do not get much sleep.

(a) where they get enough sleep
(b) which get enough sleep
(c) whom get enough sleep
(d) who get enough sleep

02 Passengers can experience discomfort or pain in their ears during the flight especially while the plane is landing, _____ due to drastic changes in atmospheric pressure.

(a) which is
(b) that will be
(c) where is
(d) when was

03 Internet addiction has been a serious problem. If we add the number of students _____, but are still dependent on the Internet, the estimated number of students who do need 'guidance' will be increasing.

(a) when they do not need professional help
(b) who do not need professional help
(c) where they do not need professional help
(d) whom do not need professional help

04 Chuseok, _____ to Thanksgiving Day in the United States, is one of the nation's biggest holidays, during which many people travel to their hometown to spend time with their family.

(a) when is similar
(b) that it is similar
(c) what will be similar
(d) which is similar

05 There is a special hormone we need to get a good night's sleep. This hormone is called melatonine, which regulates our biological clock _____.

(a) that plays a role in our sleep cycle
(b) which it plays a role in our sleep cycle
(c) what plays a role in our sleep cycle.
(d) that playing a role in our sleep cycle.

06 Researchers discovered that the teenagers who played the violent video game showed less active in the prefrontal portions of the brain, which is related to control and concentration, than those _____.

(a) that it played the nonviolent game
(b) which played the nonviolent game
(c) who played the nonviolent game
(d) whose played the nonviolent game

>>> 정답 및 해설

01 (d) who get enough sleep
- 해설 : 선행사가 사람이고 뒤에 오는 절에 동사가 연결되면 주격 관계대명사 who가 필요한 자리이다.
- 해석 : 전문가들은 잠과 기억력 사이에 연관성이 있음을 밝혔다. 그들은 충분한 잠을 잔 사람들이 잠을 많이 자지 못한 사람들보다 기억력이 더 좋다고 말했다.
- 어휘 : □ expert 전문가 □ memory 기억력

02 (a) which is
- 해설 : 앞에 있는 콤마를 보아 관계대명사의 계속적 용법으로, which is가 적절하다.
- 해석 : 특히 비행기가 착륙하는 동안 승객들은 기내에서 귀가 멍멍해지는 불편함이나 통증을 경험할 수 있는데 이는 기압의 급격한 변화 때문이다.
- 어휘 : □ passenger 승객 □ discomfort 불편함 □ drastic 급격한 □ atmospheric 대기의 □ pressure 압력

03 (b) who do not need professional help
- 해설 : 선행사가 사람이고 뒤에 오는 절에 동사가 연결되면 주격 관계대명사 who가 필요한 자리이다.
- 해석 : 인터넷 중독은 심각한 문제가 되어왔다. 전문적인 도움이 필요하지는 않지만 여전히 인터넷에 의존하고 있는 학생 수를 더하면, '지도'가 필요한 학생 수는 더 늘어날 것이다.
- 어휘 : □ addiction 중독 □ dependent 의존적인 □ estimated 추정되는

04 (d) which is similar
- 해설 : 선행사는 추석이고 콤마를 보아 관계대명사의 계속적 용법이므로, which가 적절하다.
- 해석 : 미국의 추수감사절과 비슷한 추석은 한국의 가장 큰 명절 중 하나로, 많은 사람이 고향으로 돌아가 가족과 시간을 보낸다.
- 어휘 : □ similar 비슷한 □ holiday 휴일

05 (a) that plays a role in our sleep cycle
- 해설 : 선행사는 사물이고 관계대명사 뒷절은 불완전하므로 (a)가 적절하다.
- 해석 : 숙면을 취하기 위해 우리에게 필요한 특별한 호르몬이 있다. 이 호르몬은 멜라토닌이라 불리는데 그것은 우리의 수면주기의 역할을 하는 생체 시계를 조절한다.
- 어휘 : □ regulate 조절하다 □ biological 생물학적인

06 (c) who played the nonviolent game
- 해설 : 선행사는 십대이고 관계대명사 뒷절은 불완전하므로 who가 적절하다.
- 해석 : 연구자들은 비폭력적인 게임을 한 십대보다 폭력적인 비디오 게임을 한 청소년들이 통제, 집중과 관련 있는 뇌의 전두엽 부위에서는 덜 활성화된 것을 보여 주었다.
- 어휘 : □ violent 폭력적인 □ prefrontal 전두엽의 □ portion 부분 □ concentration 집중 □ nonviolent 비폭력적인

관계부사

관계부사는 선행하는 명사 뒤에서 선행사를 수식하는 형용사절을 이끈다. 관계부사는 접속사 + 부사의 역할을 하므로 완전한 절을 이끈다. 선행사가 장소면 where, 시간이면 when, 이유면 why를 쓴다. how는 명사절을 이끌기 때문에 선행사와 함께 쓰이지 않는다.

선행사	관계부사
장소 the place	where
시간 the time	when
이유 the reason	why
방법 the way (how와 함께 못 씀)	how

e.g. The year was 2017 when I saw you first.
내가 너를 처음 본 것은 2017년이었다.

This is the house where I was born.
이 집은 내가 태어난 집이다.

The reason why I went there was to see her.
내가 그곳에 간 이유는 그녀를 보기 위해서였다.

This is how I study English.
이것이 내가 영어공부하는 방식이다.

기초 다지기

2. 관계부사

01 Dogs usually sleep during the day [which / when] their owners are not around.

해설 선행사가 the day이고 뒷절이 완전하므로 관계부사 when이 답이다.
해석 개들은 보통 낮 동안 주인이 곁에 없을 때는 잠을 잡니다.

02 It is a closed space [which / where] privacy is guaranteed and no one can intrude without permission.

해설 선행사가 a closed space이고 뒷절이 완전하므로 관계부사 where가 답이다.
해석 그것은 사생활이 보장되고, 허락 없이는 누구도 침입할 수 없는 폐쇄 공간이다.

03 Autumn is the time of the year [where / when] harvests are reaped.

해설 선행사가 the year이고 뒷절이 완전하므로 관계부사 when이 답이다.
해석 가을은 일 년 중 수확이 이루어지는 시기이다.

04 School is a place [which / where] we learn to read and write and get along well with our friends.

해설 선행사가 a place이고 뒷절이 완전하므로 관계부사 where가 답이다.
해석 학교는 우리가 읽고 쓰는 걸 배우고 친구들과 잘 지내는 법을 배우는 곳이다.

>>> 정답
01 when   02 where
03 when   04 where

05
I remember the day [when / which] I met you for the first time.

해설 선행사가 the day이고 뒷절이 완전하므로 관계부사 when이 답이다.
해석 나는 너를 처음 만난 그날을 기억해.

06
There are some cultures [when / where] slang is acceptable and other cultures where it is not.

해설 선행사가 some cultures이고 뒷절이 완전하므로 관계부사 where가 답이다.
해석 속어가 받아들여지는 문화들이 있고 속어가 받아들여지지 않는 문화들도 있다.

07
Astronomers found the places in the universe [when / where] there were massive black holes.

해설 선행사가 the places in the universe이고 뒷절이 완전하므로 관계부사 where가 답이다.
해석 천문학자들은 우주에서 거대한 블랙홀이 있었던 장소들을 발견했습니다.

08
This room offers a beautiful ocean view [when / where] you can see the stunning coast.

해설 선행사가 a beautiful ocean view이고 뒷절이 완전하므로 관계부사 where가 답이다.
해석 이 방은 당신이 멋진 해안가를 볼 수 있는 아름다운 바다 전망을 제공합니다.

》》 정답

05 when	06 where
07 where	08 where

실전 문제

2. 관계부사

01 Insomnia patients can't fall asleep when you give them a nap opportunity during the day _____, even though they say they are tired.

(a) when is no obstacle
(b) when there are no obstacles
(c) which it is no obstacle
(d) what are no obstacles

02 Serengeti is a vast meadow _____ and leopards lazily rest while herbivores graze in large groups.

(a) which freely wander around
(b) what lions freely wander around
(c) where lions freely wander around
(d) why lions freely wander around

03 The Visa Waiver Program (VWP) permits citizens of other countries to travel to this country for business or tourism for stays of up to 90 days without a visa. The number of the illegal immigrants has increased since last winter _____.

(a) which the government expanded it
(b) what the government expanded it
(c) when the government expanded it
(d) where the government expanded it

04 Outdoor games are difficult to predict. Games are cancelled or delayed when it rains and it is difficult to play them during winter _____.

(a) where the weather is cold and snowy
(b) which the weather is cold and snowy
(c) what is cold and snowy
(d) when the weather is cold and snowy

05 From Wednesday to Friday this week, we will host an international symposium _____ the future direction and operation of the park.

(a) which citizens and experts will discuss about
(b) when citizens and experts will discuss
(c) where citizens and experts will discuss
(d) why citizens and experts will discuss

06 Fear can prevent growth. When the factors of fear spread too much among students, the day will never come _____.

(a) when people can learn and develop themselves
(b) how people can learn and develop themselves
(c) which people can learn and develop themselves
(d) what people can learn and develop themselves

≫ 정답 및 해설

01 (b) when there are no obstacles

해설 선행사가 날짜를 의미하는 the day이고 when은 완전절을 동반하므로 (b)가 정답이다.

해석 불면증 환자들은 방해요소가 없는 낮에 잠깐 눈 붙일 기회를 줘도 잠들지 못합니다. 피곤하다고 하면서도 말이죠.

어휘 □ insomnia 불면증 □ nap 낮잠 □ obstacle 방해물

02 (c) where lions freely wander around

해설 선행사가 a vast meadow이고 where은 완전절을 동반하므로 (c)가 정답이다.

해석 세렝게티는 초식동물들이 큰 무리를 지어 풀을 뜯어먹는 동안, 사자들이 자유롭게 돌아다니고 표범들이 게으르게 휴식을 취하는 광활한 초원지대이다.

어휘 □ meadow 목초지 □ wander 어슬렁거리다 □ rest 쉬다 □ herbivore 초식동물
□ graze 풀을 뜯어먹다

03 (c) when the government expanded it

해설 선행사가 last winter이고 when은 완전절을 동반하므로 (c)가 정답이다.

해석 비자면제 프로그램(VWP)은 다른 나라의 시민들이 비자 없이 최대 90일 동안 사업이나 관광을 위해 이 나라를 여행할 수 있도록 허용하고 있다. 불법체류자의 수는 정부가 이 프로그램을 확대했던 지난 겨울 이후 증가했다.

어휘 □ illegal 불법의 □ immigrant 이민자 □ expand 확대하다
□ visa waiver program 비자면제 프로그램

04 (d) when the weather is cold and snowy

해설 선행사가 winter이고 when은 완전절을 동반하므로 (d)가 정답이다.

해석 야외경기들은 예측하기 어렵다. 비가 많이 오면 경기는 취소되거나 지연되고 날씨가 춥고 눈이 오는 겨울 동안에는 경기를 하기 힘들다.

어휘 □ cancel 취소하다 □ delay 미루다

05 (c) where citizens and experts will discuss

해설 선행사가 an international symposium이고 where은 완전절을 동반하므로 (c)가 정답이다.

해석 이번 주 수요일부터 금요일까지 우리는 시민과 전문가들이 공원의 향후 방향과 운영에 대해 토론하는 국제심포지엄을 개최할 것이다.

어휘 □ international 국제의 □ direction 방향 □ operation 운영

> 정답 및 해설

06 (a) when people can learn and develop themselves

해설 선행사가 날짜를 의미하는 the day이고 when은 완전절을 동반하므로 (a)가 정답이다.

해석 두려움은 성장을 막을 수 있다. 두려움의 요인들이 학생들 사이에 너무 많이 널리 퍼질 때, 사람들 스스로 배우고 발전시킬 수 있는 날은 결코 오지 않을 것입니다.

어휘 □ growth 성장   □ spread 퍼지다

memo

PART 2

어휘

Chapter 01 일상대화(개인적 이야기 경험담)
Chapter 02 발표(특정 주제)
Chapter 03 장단점 논의(비공식적 협상, 대화)
Chapter 04 설명(일반적 일의 진행, 과정)
Chapter 05 인물일대기(과거 역사 속 인물)
Chapter 06 잡지기사(사회적, 기술적 묘사)
Chapter 07 지식백과(일반적 내용의 백과사전)
Chapter 08 비즈니스 편지(설명 또는 설득하는 상업서신)

Chapter 01 / 일상대화(개인적 이야기 경험담)

001 affect [əfékt]

ⓥ 영향을 미치다, (질병이) 발생하다, (정서적) 충격을 주다, 가장하다

Your opinion will not **affect** his decision.
당신 의견은 그의 결정에 영향을 못 줄 것이다.

002 appear [əpír]

ⓥ …처럼 보이다, 나타나다

There **appears** to be a big problem.
큰 문제가 있는 것 같다.

003 assume [əsúːm]

ⓥ 추정하다, (책임·임무를) 맡다, (특질을) 띠다, ~인 척하다

Let's **assume** what she says to be true
그녀가 말하는 것을 사실이라고 가정해보자.

004 attend [əténd]

ⓥ 참석하다, 주의를 기울이다, 수반되다, 수행하다

Most students **attend** school in Korea.
한국에서는 대부분의 학생들이 학교를 다닌다.

005 appreciate [əpríːʃieɪt]

ⓥ 인정하다, 고마워하다, 인식하다, 가치가 오르다

I **appreciate** your help.
도와줘서 고마워요.

006 applicant [ǽplɪkənt]

ⓝ 지원자

There are more than 100 **applicants** for the job.
그 일자리에 지원자가 100명이 넘는다.

007 application [ǽpləkeɪʃən]

ⓝ 지원(서), 적용, 바르기, 응용 프로그램, 전심전력

He filled out the **application** to get a job.
그는 일자리를 구하기 위해서 지원서를 작성했다.

008 afraid
[əfréɪd]

ⓐ 두려워하는, 불안한, 염려하는

Don't be **afraid** of failing.
실패하는거 두려워하지마.

009 accommodation
[əlkɑːməldeɪʃn]

ⓝ 숙소, 시설, 합의

They stay in temporary **accommodation**.
그들은 임시 숙소에 머무른다.

010 assign
[əsáɪn]

ⓥ 맡기다, 선임하다, 배치하다, 부여하다, 양도하다

Two projects have been **assigned** to us.
두 개의 프로젝트가 우리에게 맡겨졌다.

011 bright
[braɪt]

ⓐ 밝은, 똑똑한

I like **bright** colors.
나는 밝은 색상이 좋아.

012 constant
[lkɑːnstənt]

ⓐ 끊임없는

Wars have been **constant** in human history.
전쟁은 인간의 역사에서 거듭된다.

013 consider
[kənsídə(r)]

ⓥ 고려하다, 간주하다, 자세히 바라보다, 음미하다

I **consider** time important.
난 시간을 중시한다.

014 contact
[lkɑːntækt]

ⓝ 연락, 접촉, 관계, 접촉자 ⓥ 연락하다

The virus is transmitted via physical **contact**.
그 바이러스는 신체적 접촉을 통하여 감염된다.

015 confirm
[lkɑːntækt]

ⓥ 확실히 하다

I would like to **confirm** my travel reservations.
여행예약을 확인하고 싶어요.

016
confident
[kɑːnfɪdənt]

ⓐ 자신 있는, 확신하는

He looked **confident** before the test.
그는 시험 전에 자신감 있어 보였다.

017
consistent
[kənsɪstənt]

ⓐ 일관된, 일치하는

She had a **consistent** argument.
그녀는 일관된 주장을 했다.

018
convenient
[kənvíːniənt]

ⓐ 편리한, 가까운

It is **convenient** to pay by credit card.
신용 카드로 지불하는 것은 대단히 편리하다.

019
comfortable
[ˈkʌmftəbl]

ⓐ 편안한

This couch is **comfortable**.
이 소파는 편안하다.

020
common
[ˈkɑːmən]

ⓐ 흔한, 보통의, 공통의 ⓝ 공원, 식당

We share a **common** interest in physics.
우리는 공통적으로 물리학에 관심을 지니고 있다.

021
competitive
[kəmˈpetətɪv]

ⓐ 경쟁하는, 경쟁력 있는, 경쟁심 강한

Our company gained a **competitive** advantage over rival companies.
우리 회사들이 경쟁 회사들에 대해 경쟁력 우위를 선점했다.

022
congratulation
[kənˌgrætʃuˈleɪʃn]

ⓝ 축하, 축하해요

I heard you are getting married. **Congratulations**!
결혼한다고 들었어. 축하해!

023
conversation
[ˌkɑːnvərˈseɪʃn]

ⓝ 대화, 회화

I had a brief **conversation** with him.
나는 그와 짧은 대화를 했다.

024
crowded ['kraʊdɪd]

ⓐ 붐비는, ~이 가득한

This area is so crowded with tourists.
이 지역은 여행객들로 아주 붐빈다.

025
challenge ['tʃæləndʒ]

ⓝ 도전 ⓥ 도전하다, 도전 의식을 북돋우다, 검문하다

I accept your challenge.
내가 너의 도전을 받아들일게.

026
document [ˈdɒkjumənt]

ⓝ 문서, 서류 ⓥ 기록하다, 서류로 입증하다

The original document was lost.
원본은 사라졌다.

027
decide [dɪˈsaɪd]

ⓥ 결정하다, 결심하게 하다

I decided to stay here.
나는 여기 머무르기로 결정했다.

028
determine [dɪˈtɜːrmɪn]

ⓥ 결정하다, 알아내다

We determined to leave here.
우리는 여기를 떠나기로 결정했다.

029
describe [dɪˈskraɪb]

ⓥ 묘사하다, 말하다, (특정 형태를) 만들다

Can you describe the man?
그 사람이 어떻게 생겼는지 말해줄 수 있나요?

030
distinguish [dɪˈstɪŋgwɪʃ]

ⓥ 구별하다, 식별하다, 유명하게 되다

The study discovered that pigeons can distinguish different numbers.
그 연구는 비둘기들이 다른 숫자들을 구별할 수 있다는 것을 발견했다.

031
destination [ˌdestɪˈneɪʃn]

ⓝ 목적지, 도착지

She asked me how to get to her destination.
그녀는 나에게 그녀의 목적지를 어떻게 갈 수 있는지 물어보았다.

032
distance ['dɪstəns]

ⓝ 거리, 먼 곳 ⓥ 관여하지 않다

Distance is no problem for me.
나에게 거리는 문제가 되지 않아.

033
defect [difékt]

ⓝ 결함 ⓥ (국가, 당을) 버리다

The baby has physical disability because of a birth **defect**.
그 아기는 선천적 결함으로 인해 신체장애를 앓고 있다.

034
effort ['efərt]

ⓝ 노력, 수고, 활동, 결과

I should put more **effort** into my work.
나는 일에 더 많은 노력을 들여야 한다.

035
effective [ɪ'fektɪv]

ⓐ 효과적인, 실질적인, 시행되는

TV can be an **effective** means of communication.
텔레비전은 효과적인 의사전달 수단이 될 수 있다.

036
elegant ['elɪgənt]

ⓐ 우아한, 명쾌한

She loved this **elegant** dress.
그녀는 이 우아한 드레스를 좋아했다.

037
enlist [ɪn'lɪst]

ⓥ (협조, 참여를) 요청하다, 입대하다(시키다), 징집하다

He planned to **enlist** in military next month.
그는 다음달에 군대에 입대하기로 계획했다.

038
enroll [inróul, en-]

ⓥ 등록하다, 명부에 올리다, 입학하다(시키다), 입대하다, 기록하다

Our university allows foreign students to **enroll**.
우리 대학은 외국인 학생들의 입학을 허용합니다.

039
exciting [ɪk'saɪtɪŋ]

ⓐ 신나는, 흥미진진한, 흥분하게 하는

The movie was so **exciting**.
그 영화는 아주 흥미진진했다.

040
exchange
[ɪksˈtʃeɪndʒ]

ⓝ 교환, 대화, 언쟁, 환전, 교환방문　ⓥ 교환하다, 계약하다

Would you exchange the shirt for a bigger one?
이 셔츠를 더 큰 것으로 교환해 주시겠습니까?

041
expense
[ɪkˈspens]

ⓝ 비용, 경비

You should save living expenses.
너는 생활비를 줄여야 한다.

042
ensure
[ɪnǀʃʊr]

ⓥ 보장하다, 반드시 ~하게 하다

Please ensure that everyone is safe.
모두가 반드시 안전하도록 해요.

043
envelope
[ˈenvəloʊp; ǀɑːnvəloʊp]

ⓝ 봉투

Let me open the envelope.
내가 봉투를 열게.

044
encourage
[ɪnǀkɜːrɪdʒ]

ⓥ 격려하다, 장려하다, 부추기다

We should encourage the use of Internet in class.
우리는 수업시간에 인터넷의 사용을 장려해야 한다.

045
evaluate
[ɪˈvæljueɪt]

ⓥ 평가하다

Our research tries to evaluate the effectiveness of the different drugs.
우리의 연구는 여러 다른 약품들의 효과를 평가하기 위해 노력한다.

046
equipment
[ɪˈkwɪpmənt]

ⓝ 장비

Do not immerse the equipment in water.
장비를 물에 담그지 마십시오.

047
fluent
[ˈfluːənt]

ⓐ 유창한

He is fluent in English.
그는 영어가 유창하다.

048 fancy ['fænsi]

ⓐ 화려한, 값비싼, 고급의, 복잡한　ⓝ 공상, 바람
ⓥ 원하다, 끌리다, 생각하다, 우승 후보로 여기다

There are many fancy restaurants in this area.
이 지역에는 많은 고급 식당들이 있다.

049 familiar [fə'mɪliə(r)]

ⓐ 친숙한

I am familiar with this program.
나는 이 프로그램에 익숙하다.

050 fortunately [|fɔːrtʃənətli]

ⓐdv 운 좋게도

Fortunately, I was not late.
운이 좋게도 나는 늦지 않았다.

051 genuine ['dʒenjuɪn]

ⓐ 진짜의, 진실한

This painting is a genuine Picasso.
이 그림은 진짜 피카소 진품이다.

052 hospitality [|hɑːspɪ|tæləti]

ⓝ 환대, 접대

I appreciate your kind hospitality.
환대해주셔서 감사합니다.

053 import [ɪm'pɔːt; 美 ɪm'pɔːrt]

ⓝ 수입, 수입품, 중요성, 의미　ⓥ 수입하다, 불러오다

We import raw materials from other countries.
우리는 다른 나라에서 원자재를 수입한다.

054 isolate ['aɪsəleɪt]

ⓥ 고립시키다, 격리하다, 분리하다

Patients with the infectious disease should be isolated.
감염병을 가진 환자들은 격리되어야 한다.

055 invitation [|ɪnvɪ'teɪʃn]

ⓝ 초대, 초대장

I will send you the invitation tomorrow.
내가 내일 초대장 보내줄게.

056
inform [ɪnˈfɔːrm]

ⓥ 알리다, 알아내다, 영향을 미치다

We regret to **inform** you that we are unable to offer you the position.
귀하께 이 자리를 제공하지 못한다는 통지를 하게 되어 유감입니다.

057
insist [ɪnˈsɪst]

ⓥ 주장하다, 고집하다

She **insisted** on her innocence.
그녀는 무고함을 주장했다.

058
identical [aɪˈdentɪkl]

ⓐ 동일한, 똑같은

The boys are **identical** twins.
그 소년들은 일란성 쌍둥이다.

059
importance [ɪmˈpɔːrtns]

ⓝ 중요성

He stressed the **importance** of teamwork.
그는 팀워크의 중요성을 강조했다.

060
interested [ˈɪntrəstɪd; ˈɪntrestɪd]

ⓐ 관심 있어 하는, 이해관계가 있는

I am **interested** in economy.
나는 경제에 관심 있다.

061
improve [ɪmˈpruːv]

ⓥ 향상시키다, 개선하다, 개선되다

Things started to **improve** slowly.
상황들이 점차 나아지기 시작했다.

062
measure [ˈmeʒə(r)]

ⓥ 측정하다, (치수, 길이, 양이)~이다, 판단하다
ⓝ 조치, 양, 표시, 척도, 단위, 표준량

The dress was so long that it was very hard to **measure** the length.
이 드레스는 너무 길어서 길이를 재기가 매우 어려웠다.

063
nervous [ˈnɜːrvəs]

ⓐ 불안해하는, 겁을 잘 먹는, 신경의

She was nervous about her future.
그녀는 그녀의 미래에 대해 불안해했다.

064
occasion [əˈkeɪʒn]

ⓝ 때, 경우, 행사, 이유   ⓥ ~의 원인이 되다, ~을 야기하다

She was improperly dressed for the occasion.
그녀는 경우에 안 맞는 옷차림을 하고 있었다.

065
organize [ˈɔːrgənaɪz]

ⓥ 조직하다, 정리하다, 체계화하다

The city's transit system is well organized.
도시의 운송 체계는 잘 정리되어 있다.

066
occupy [ˈɑːkjupaɪ]

ⓥ 차지하다, 사용하다, 점령하다, 바쁘게 하다, 맡다

The closet seemed to occupy most of the room.
옷장이 그 방의 대부분을 차지하고 있는 것 같았다.

067
opponent [əˈpoʊnənt]

ⓝ 상대, 반대자

I could guess what the opponent was thinking.
나는 상대방이 무슨 생각을 하는지 추측할 수 있었다.

068
personal [ˈpɜːrsənl]

ⓐ 개인의, 개인적인, 직접 한

Personal trainers offer exercise instructions and nutrition tips.
개인 트레이너들은 운동지도와 식습관 팁도 제공한다.

069
particular [pərˈtɪkjələ(r)]

ⓐ 특정한, 특별한, 까다로운   ⓝ 자세한 사실, 서면정보

There is a particular genre of book that I enjoy.
내가 즐기는 특정한 장르의 책이 있다.

070
post
[poʊst]

ⓝ 우편, 우편물, 직책, 위치, 푯대
ⓥ 발송하다, 우체통에 넣다, 넣다, 배치하다, 게시하다, 발표하다, (보석금을) 내다

The information was posted on the noticeboard.
그 정보는 게시판에 게시되었다.

071
prefer
[prɪˈfɜː(r)]

ⓥ 선호하다

I prefer walking to running.
나는 뛰는 것보다 걷는 것을 선호한다.

072
prepare
[prɪˈper]

ⓥ 준비하다, 조제하다

I have no time to prepare lunch.
나는 점심을 준비할 시간이 없다.

073
process
[ˈprɑːses; ˈproʊses]

ⓝ 과정, 공정　ⓥ 가공하다, 처리하다

These become gemstones after a rigorous process.
이것들은 철저한 공정을 거친 후에 보석이 된다.

074
proper
[ˈprɑːpə(r)]

ⓐ 적절한, 제대로 된, 올바른, 완전한, 고유의

They had a proper discussion before voting.
그들은 투표 전에 제대로 된 토론을 했다.

075
preserve
[prɪˈzɜːrv]

ⓥ 보존하다, 보호하다　ⓝ 전유물, 절임식품, 수렵금지구역

All street signs are written in Korean to preserve the culture.
문화를 보존하기 위해 모든 거리 표지판은 한국어로 쓰여 있습니다.

076
qualified
[ˈkwɑːlɪfaɪd]

ⓐ 자격이 있는, 조건을 다는

She is qualified as a manager.
그녀는 팀장 자격이 있다.

077
raise [reɪz]

ⓥ 올리다, 모으다, 제기하다, 기르다, 자아내다, (금지를) 풀다, 교신하다, 부활시키다, 제곱하다

She has raised a cute dog.
그녀는 귀여운 강아지를 키워 왔다.

078
regular [ˈreɡjələ(r)]

ⓐ 규칙적인, 정기적인, 보통의, 분명한   ⓝ 고정(고객, 선수, 출연자)

Jane is a regular patron.
제인은 단골손님이다.

079
reserve [rɪˈzɜːrv]

ⓥ 예약하다, 보류하다, (권한을) 갖다
ⓝ 비축물, 보호구역, 내성적임, 예비군

I would like to reserve a table for ten at nine.
9시에 10명 테이블을 예약하고 싶어요.

080
requirement [rɪˈkwaɪərmənt]

ⓝ 필요, 필요조건

Air, sun, and water are the basic requirements of life.
공기, 해, 물은 사는 데 기본적으로 필요한 것들이다.

081
relative [ˈrelətɪv]

ⓐ 상대적인, 관련된   ⓝ 친척, 동족

I found several facts relative to the case.
나는 그 사건과 관련된 몇 가지 사실들을 발견했다.

082
refreshment [rɪˈfreʃmənt]

ⓝ 다과, 가벼운 식사, 음료, 원기 회복

The refreshments will be served during the break.
쉬는 시간에 간단한 다과가 제공될 것입니다.

083
responsibility [rɪˌspɑːnsəˈbɪləti]

ⓝ 책임

It is your responsibility to take care of them.
그들을 돌보는 것은 네 책임이다.

084
recall [rɪˈkɔːl]

ⓥ 상기하다, 생각나게 하다, 소환하다, 회수하다　ⓝ 기억, 소환, 회수

I could not recall his name.
나는 그의 이름이 기억나지 않았다.

085
remote [rɪˈmoʊt]

ⓐ 먼, 외진, 원격의, 쌀쌀맞은, 희박한

He is my remote cousin.
그는 내 먼 사촌이다.

086
rare [rer]

ⓐ 드문, 진귀한, 살짝 익힌

I want to collect rare items.
나는 진귀한 물건들을 모으고 싶다.

087
respect [rɪˈspekt]

ⓝ 존경, 존중, 측면　ⓥ 존경하다, (법률, 원칙을) 준수하다

I totally respect your opinion.
나는 완전히 너의 의견을 존중해.

088
religious [rɪˈlɪdʒəs]

ⓐ 종교의, 독실한

He is a religious person.
그는 신앙심이 깊은 사람이다.

089
satisfy [ˈsætɪsfaɪ]

ⓥ 만족시키다, 충족시키다, 납득시키다

My explanation could not satisfy him.
내 설명은 그를 만족시킬 수 없었다.

090
social [ˈsoʊʃl]

ⓐ 사회의, 사회적인, 사교상의　ⓝ 친목회

There are still some social conventions.
여전히 사회적 관습들이 있다.

091
suggest [səlˈdʒest]

ⓥ 제안하다, 암시하다, 말하다

The doctor suggested taking this pill three times a day.
그 의사가 이 알약을 하루에 3번 먹으라고 제안했다.

092
substitute
[ˈsʌbstɪtuːt]

ⓝ 대리자, 대용품 ⓥ 대신하다

We could substitute coal for oil.
우리는 석유 대신 석탄을 쓸 수 있다.

093
submit
[səbˈmɪt]

ⓥ 제출하다, 굴복하다, 말하다

I should submit my assignment by tomorrow.
나는 과제를 내일까지 제출해야 해.

094
scatter
[ˈskætə(r)]

ⓥ 흩뿌리다, 흩어지다 ⓝ 소수

He scattered the seeds over the field.
그는 들판 위에 씨를 뿌렸다.

095
strict
[strɪkt]

ⓐ 엄격한

He is well known to be a strict teacher.
그는 엄격한 선생님으로 잘 알려져 있다.

096
security
[səlkjʊrəti]

ⓝ 보안, 보장, 경비 담당 부서, 안도, 담보

They carried out security checks at the airport.
그들은 공항에서 보안 점검을 실시했다.

097
supply
[səˈplaɪ]

ⓝ 공급, 보급품 ⓥ 공급하다

Prices are set by supply and demand
가격은 공급과 수요에 의해 정해진다.

098
valuable
[ˈvæljuəbl]

ⓐ 소중한, 값비싼

I had a valuable experience.
소중한 경험을 했다.

099
visible
[ˈvɪzəbl]

ⓐ 보이는, 뚜렷한

That building is visible from here.
그 빌딩은 여기서 알아볼 수 있다.

100

verify
[ˈverɪfaɪ]

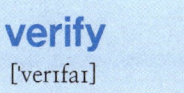 확인하다, 입증하다

I have no way of verifying the fact.
나는 그 사실을 확인할 방법이 없다.

Chapter 02 / 발표(특정 주제)

001 available [əˈveɪləbl]
ⓐ 이용할 수 있는, 시간이 있는
I will be available on Sunday.
나는 일요일에 시간이 될거야.

002 adjust [əˈdʒʌst]
ⓥ 조정하다, 적응하다, 정돈하다
People have a hard time adjusting to this new way of life.
사람들은 이러한 새로운 생활 방식에 적응하는 데 어려움을 겪는다.

003 ache [eɪk]
ⓥ 아프다, (~하고 싶어) 못 견디다   ⓝ 아픔
My arms ache when carrying a bag.
가방을 들 때 팔이 아파.

004 advantage [ədˈvæntɪdʒ]
ⓝ 장점, 이점   ⓥ 유리하게 하다
Our company gained a competitive advantage over rival companies.
우리 회사들이 경쟁 회사들에 대해 경쟁력 우위를 점했다.

005 active [ˈæktɪv]
ⓐ 활발한, 적극적인, 유효한, 능동의   ⓝ 능동태
He is an active student in class.
그는 수업시간에 적극적인 학생이다.

006 attractive [əˈtræktɪv]
ⓐ 매력적인
I found the city attractive.
나는 그 도시가 매력적인 것을 발견했다.

007 appeal [əˈpiːl]
ⓝ 항소, 매력, 호소, 간청   ⓥ 항소하다, 관심을 끌다, 호소하다, 간청하다
Her speech did appeal to me.
그녀의 연설이 정말로 나에게 흥미를 끌었다.

008
allow [əˈlaʊ]

ⓥ 허락하다, 가능하게 하다, 인정하다

I wouldn't allow you to go there.
나는 네가 거기 가도록 허락하지 않을거야.

009
accurate [ˈækjərət]

ⓐ 정확한, 정밀한

It requires an accurate calculation.
이것은 정확한 계산을 요구한다.

010
advance [ədˈvæns]

ⓝ 발전, 전진, 선금, 접근, 상승   ⓐ 사전의
ⓥ 다가가다, 진전하다, 선금을 주다, 제기하다, 앞당기다, 진행시키다, 오르다

We are living in an age of rapid technological advance.
우리는 급속한 기술 발전 시대에 살고 있다.

011
automatic [ˌɔːtəˈmætɪk]

ⓐ 자동의, 무의식의, 반사적인   ⓝ 자동권총, 자동변속기 자동차

I need an automatic sedan for two days.
이틀간 사용할 오토매틱 승용차가 필요해요.

012
access [ˈækses]

ⓝ 접근, 접근권   ⓥ 접근하다, 접속하다, 이용하다

Students can have access to useful materials.
학생들은 유용한 자료들에 접할 수 있다.

013
built-in [ˈbɪltˈɪn]

ⓐ 붙박이의

I am looking for a house with a built-in refrigerator.
나는 붙박이 냉장고가 있는 집을 찾고 있어요.

014
budget [ˈbʌdʒɪt]

ⓝ 예산, 비용   ⓥ 예산을 세우다   ⓐ 저렴한

I only have a small monthly budget.
나는 월간예산이 작아.

015
benefit
['benɪfɪt]

ⓝ 혜택, 수당(보조금), 보험금, 자선행사 ⓥ 유익하다, 득을 보다

I sometimes spend some money on something that will benefit everyone.
나는 가끔 모두에게 유익한 것에 약간의 돈을 쓴다.

016
charge
[tʃɑːrdʒ]

ⓝ 요금, 기소, 비난, 책임, 습격, 감동
ⓥ 청구하다, 달아놓다, 기소하다, 비난하다, 돌격하다, 책임을 맡기다, 충전하다, 채우다

She was charged with murder. 그녀는 살인죄로 기소되었다.

017
consumer
[kənˈsuːmə(r)]

ⓝ 소비자

Some consumers tend to buy unnecessary goods.
몇몇 소비자들은 불필요한 물건들을 사는 경향이 있다.

018
commercial
[kəˈmɜːrʃl]

ⓐ 상업적인 ⓝ 광고

I didn't like the movie because it was too commercial.
나는 그 영화가 너무 상업적이어서 별로였다.

019
combination
[ˌkɑːmbɪˈneɪʃn]

ⓝ 조합, 연합, 번호(숫자나 글자 조합)

The company has been working in combination with several famous partners.
그 회사는 몇몇의 유명한 파트너들과 함께 연합해서 일해 왔다.

020
commute
[kəˈmjuːt]

ⓥ 통근하다, 감형하다, 대체하다 ⓝ 통근

I commute to work on foot.
나는 걸어서 통근한다.

021
comparable
[ˈkɑːmpərəbl]

ⓐ 비슷한, 비교할 만한

The comparable item in Korea would cost three times as much.
비슷한 상품이 한국에서는 세 배 비쌀 것이다.

022
cultivate
['kʌltɪveɪt]

ⓥ 경작하다, 재배하다, (말, 행동, 방식을) 기르다, (관계를) 구축하다

The farmers cultivate mainly rice.
그 농부들은 주로 쌀을 재배한다.

023
customer
['kʌstəmə(r)]

ⓝ 고객

Dealing with rude customers is not easy.
무례한 고객들을 상대하는 것은 쉽지 않다.

024
concern
[kən|sɜːrn]

ⓥ 관련되다, 걱정스럽게 만들다, 관심을 갖다, 중시하다
ⓝ 걱정, 배려, 관심사, 중요한 것, 일, 회사

There has been growing concern about violating privacy.
사생활 침해에 대한 커져가는 우려가 있어 왔다.

025
complicated
[|kɑːmplɪkeɪtɪd]

ⓐ 복잡한

The system looks too complicated for the old to understand.
그 시스템은 나이 든 사람들이 이해하기에는 너무 복잡해보인다.

026
confusing
[kən'fjuːzɪŋ]

ⓐ 혼란스러운

The instruction seems so confusing that I don't know how to assemble them.
그 설명서는 너무 혼란스러워 보여서 내가 어떻게 그것들을 조립해야할지 모르겠다.

027
compact
[|kɒmpækt]

ⓐ 소형의, 조밀한, 다부진 ⓝ 소형차, 콤팩트(화장품), 합의, 협정
ⓥ 단단히 다지다

He works out so hard everyday that he has a compact body.
그는 매일 운동을 해서 다부진 몸을 가지고 있다.

028
capacity
[kə'pæsəti]

ⓝ 수용력, 용량, 능력, 지위, 생산 능력, 배기량

The room has a capacity of 20 people.
그 방은 20명의 사람들을 수용할 수 있다.

029
capability
[ˌkeɪpəˈbɪləti]

ⓝ 능력, 역량

This project is beyond my capability.
이 프로젝트는 내 능력 밖이다.

030
contribution
[ˌkɑːntrɪˈbjuːʃn]

ⓝ 기부, 기부금, 기여, 개인 분담금, 기고문, 의견제시

He has made a positive contribution to our company.
그는 우리 회사에 긍정적 기여를 해 왔다.

031
current
[ˈkɜːrənt]

ⓐ 현재의, 통용되는 ⓝ 흐름, 해류, 기류, 전류, 경향

She was swimming against a strong current.
그녀는 강한 물살을 헤치고 수영 중이었다.

032
consult
[kənˈsʌlt]

ⓥ 상담하다, 상의하다, 찾아보다

You should consult your doctor, if it is painful.
만약 아프면 너는 의사와 상담해야 한다.

033
contain
[kənˈteɪn]

ⓥ 포함하다, (감정을) 억누르다, (안 좋은 일을) 방지하다

This cookie doesn't contain sugar.
이 쿠키는 설탕이 들어있지 않다.

034
conventional
[kənˈvenʃənl]

ⓐ 관습적인, 극히 평범한, 전통적인

This is the conventional way of making a movie.
이것이 영화를 만드는 전통적 방법이다.

035
device
[dɪˈvaɪs]

ⓝ 장치, 폭탄, 방법, 방책

This device can detect smoke.
이 장치는 연기를 감지할 수 있다.

036
dietary
[ˈdaɪətèri]

ⓐ 음식물의, 식이 요법의, 규정식의 ⓝ 규정식, 규정량

Researchers studied the dietary habit of skinny people.
연구자들은 마른 사람들의 식단을 연구했다.

037
desire [dɪˈzaɪə(r)]

ⓝ 바람, 욕구　ⓥ 바라다, 욕구를 느끼다

Some people desire to live in a big city.
몇몇 사람들은 큰 도시에 사는 것을 바란다.

038
delivery [dɪˈlɪvəri]

ⓝ 배달, 출산, 전달, 던진 공

We apologize for the delayed delivery.
우리는 지연된 배달에 사과합니다.

039
durable [ˈdʊrəbl]

ⓐ 내구성 있는, 오래가는

This phone is durable enough to use.
이 전화기는 사용하기에 충분히 내구성이 좋다.

040
develop [dɪˈveləp]

ⓥ 발달하다(시키다), 개발되다(하다), 전개시키다, (병, 문제가) 생기다, 발생하다, (필름을) 현상하다

The firm has been developing the innovative system.
그 회사는 혁신적인 시스템을 발달시켜왔다.

041
electronic [ɪˌlekˈtrɑːnɪk]

ⓐ 전자의

We have to turn off all electronic devices.
우리는 모든 전자 기기를 꺼야 한다.

042
eligible [ˈelɪdʒəbl]

ⓐ 자격이 있는, 신랑/신부감으로 좋은

She is eligible for that position.
그녀는 그 자리에 자격이 있어.

043
equip [ɪˈkwɪp]

ⓥ 장비를 갖추다, 준비를 갖춰 주다

We equipped each room with a huge screen.
우리는 각각의 방에 큰 화면을 갖췄다.

044
extremely [ɪkˈstriːmli]

adv 극히

She was extremely busy during the weekend.
그녀는 주말에 극도로 바빴다.

045
enrich [ɪnˈrɪtʃ]

Ⓥ 풍요롭게 하다, 질을 높이다, 강화하다

Reading many books can enrich our lives.
많은 책을 읽는 것은 우리 삶을 풍요롭게 할 수 있다.

046
endure [ɪnˈdʊr]

Ⓥ 견디다, 참다, 지속되다

I had to endure the pain after surgery.
나는 수술 후에 고통을 견뎌야 했다.

047
environment [ɪnˈvaɪrənmənt]

Ⓝ 환경

We have to protect our environment.
우리는 환경을 보호해야 한다.

048
furniture [ˈfɜːrnɪtʃə(r)]

Ⓝ 가구

The room was filled with furniture.
그 방은 가구로 채워졌다.

049
feature [ˈfiːtʃə(r)]

Ⓝ 특색, 특징, 이목구비, 특집
Ⓥ 특별히 포함하다, 특징으로 삼다, 특징을 이루다

The notable feature of the city is the beautiful scenery.
그 도시의 두드러진 특징은 아름다운 경치이다.

050
function [ˈfʌŋkʃn]

Ⓝ 기능, 행사, 함수 Ⓥ 기능하다

This function allows you to copy the text.
이 기능은 당신이 글을 복사하게 허락해준다.

051
guarantee [ˌɡærənˈtiː]

Ⓝ 보장, 확약, 보증서, 담보 Ⓥ 보장하다, 보증하다, 확신하다

We can guarantee the freshness of the vegetables.
우리는 야채의 신선함을 보장할 수 있다.

052
gadget [ˈɡædʒɪt]

Ⓝ 도구

This gadget is good for slicing food.
이 도구는 음식을 자를 때 좋다.

053
household
[ˈhaʊshoʊld]

ⓝ 가정 ⓐ 가정의

Some household products can be harmful.
몇몇의 가정 제품들은 위험할 수 있다.

054
industrial
[ɪnˈdʌstriəl]

ⓐ 산업의, 공업용의, 산업(공업)시설이 많은

The number of industrial accidents is increasing.
산업 사고의 수가 증가하고 있는 중이다.

055
ideal
[aɪˈdiːəl]

ⓐ 이상적인 ⓝ 이상, 이상형

This apartment is ideal for young people.
이 아파트는 젊은 사람들에게 이상적이다.

056
ingredient
[ɪnˈgriːdiənt]

ⓝ 재료, 성분, 구성요소

Our efforts are the most essential ingredients for success.
우리의 노력은 성공을 위한 가장 필수적인 요소이다.

057
indicate
[ˈɪndɪkeɪt]

ⓥ 나타내다, 가리키다, 표시하다, 필요하다

The statistics indicate that the number of traffic accidents is on the increase.
통계는 교통사고의 수가 증가하고 있음을 보여 주고 있다.

058
inspire
[ɪnˈspaɪə(r)]

ⓥ 격려하다, 영감을 주다, 불어넣다

The teacher inspired me to feel confident.
선생님이 나에게 자신감을 갖도록 격려해주셨다.

059
imagination
[ɪˌmædʒɪˈneɪʃn]

ⓝ 상상, 가상, 창의력

I like the child who has a rich imagination.
나는 상상력이 풍부한 저 아이가 좋다.

060
immediate
[ɪˈmiːdiət]

ⓐ 즉각적인, 가까운, 직속의, 직접적인

I need an immediate response from you.
나는 너의 즉각적인 응답이 필요해.

061
identify
[aɪˈdentɪfaɪ]

ⓥ 확인하다, 찾다, 알아보게 하다

The police had to identify the body.
경찰은 그 시체의 신원을 확인해야 했다.

062
innovative
[ˈɪnəveɪtɪv]

ⓐ 혁신적인

This is the most innovative product that I have ever seen.
이것은 내가 본 것 중 가장 혁신적인 상품이다.

063
input
[ˈɪnpʊt]

ⓝ 투입, 입력, 조언 ⓥ 입력하다

This program can accept input from the voice.
이 프로그램은 음성으로부터 입력을 받아들일 수 있다.

064
licensed
[ˈlaɪsnst]

ⓐ 허가를 받은, 면허(자격)를 소지한

The vehicle is licensed to carry 6 persons.
이 차는 6인승용으로 허가 받은 차량이다.

065
launch
[lɔːntʃ]

ⓥ 시작하다, 출시하다, 물에 띄우다, 발사하다, 맹렬히 덤비다
ⓝ 개시, 출시, 진수, 발사

We will be having a party to launch our new product.
우리는 신제품 출시를 위한 파티를 열 것이다.

066
latest
[ˈleɪtɪst]

ⓐ 최근의, 최신의

This is the latest version of hybrid car technology.
이것은 하이브리드 자동차 기술의 가장 최신 버전이다.

067
manufacture
[ˌmænjuˈfæktʃə(r)]

ⓥ 제조하다, 만들어내다 ⓝ 제조, 제품

The company is famous for manufacturing cars.
그 회사는 자동차를 제조하는 것으로 유명하다.

068
method
[ˈmeθəd]

ⓝ 방법, 체계성

We found out an effective method of data analysis.
우리는 효과적인 데이터 분석방법을 발견했다.

069
novelty
[ˈnɑːvlti]

ⓝ 참신함, 신기함, 새로운 사람/것, 자그마한 싸구려 장난감
ⓐ 색다른, 진기한

The novelty of the toys soon wore off.
그 장난감의 신기함은 금세 사라졌다.

070
offset
[ˈɔːfset]

ⓥ 상쇄하다

The losses were offset by gains.
손실은 이익으로 상쇄되었다.

071
organic
[ɔːrˈɡænɪk]

ⓐ 유기농의, (인체) 장기의, 자연스러운

She only eats organic food.
그녀는 유기농 음식만 먹어.

072
operate
[ˈɑːpəreɪt]

ⓥ 작동되다, 가동하다/시키다, 운용하다/되다, 영업하다, 수술하다, 작전을 벌이다

We need to operate the machine.
우리는 기계를 가동할 필요가 있다.

073
overflow
[ˈoʊvəfloʊ]

ⓥ 넘치다, ⓝ 넘침

The place were overflowing with the crowds.
그 장소는 사람들로 넘쳤다.

074
pursue
[pərˈsuː]

ⓥ 추구하다, 계속하다, 뒤쫓다

I have pursued the goal since I was young.
나는 어릴 때부터 그 목표를 추구해왔다.

075
purpose
[ˈpɜːrpəs]

ⓝ 목적, 의도, 결단력

She slammed the door on purpose.
그녀는 의도적으로 문을 쾅 닫았다.

076
promote
[prəˈmoʊt]

ⓥ 촉진하다, 홍보하다, 승진시키다

He was **promoted** as he had been working hard.
그는 열심히 일해 왔기 때문에 승진되었다.

077
pressure
[ˈpreʃə(r)]

ⓝ 압박, 압력, 기압   ⓥ 압박하다

I was under the **pressure** of work.
나는 일의 압박하에 놓여 있었다.

078
prevent
[prɪˈvent]

ⓥ 막다

We should do something to **prevent** pollution.
우리는 오염을 막기 위한 무언가를 해야 한다.

079
publication
[ˌpʌblɪˈkeɪʃn]

ⓝ 출판, 발행, 발표

He put off the **publication** of his first book.
그는 첫 번째 책의 출판을 미뤘다.

080
present
[prɪˈzent]

ⓐ 현재의, 참석한, 존재하는   ⓝ 선물, 현재
ⓥ 주다, 제시하다, 보여주다, 야기하다, 생기다, 진행하다, 공연하다, 소개하다, 출석하다

There are 10 people **present** at the meeting.
회의에 참석하는 사람들이 10명이 있다.

081
portable
[ˈpɔːrtəbl]

ⓐ 휴대용의   ⓝ 휴대용 제품

I found the **portable** TV useful.
나는 휴대용 텔레비전이 유용하다는 것을 알았어.

082
popularity
[ˌpɑːpjuˈlærəti]

ⓝ 인기

Her book has slowly gained in **popularity**.
그녀의 책은 천천히 인기를 얻어 왔다.

083
primary
[ˈpraɪmeri]

ⓐ 주된, 주요한, 기본적인, 최초의, 초등교육의 ⓝ 예비 선거

The **primary** aim of this class is to improve writing skills.
이 수업의 주된 목표는 글쓰기 능력을 향상시키는 것이다.

084
physical
[ˈfɪzɪkl]

ⓐ 육체의, 물질의, 물리적인, 물리학의, 자연법칙상의 ⓝ 신체검사

This contest requires **physical** endurance.
이 경연은 육체적 인내를 요구한다.

085
resistant
[rɪˈzɪstənt]

ⓐ 저항력 있는, ~에 잘 견디는

This tree is **resistant** to cold.
이 나무는 추위에 잘 견딘다.

086
replacement
[rɪˈpleɪsmənt]

ⓝ 교체, 대체, 대신할 사람, 후임자

We are looking for a **replacement** for the manager.
우리는 매니저의 후임자를 찾고 있는 중이다.

087
receive
[rɪˈsiːv]

ⓥ 받다, 받아들이다, (부상을) 입다, 환영하다, 인정하다, 듣다, 사들이다

She didn't **receive** my call intentionally.
그녀는 고의적으로 내 전화를 받지 않았다.

088
release
[rɪˈliːs]

ⓥ 풀어주다, 해방하다, 놓아주다, 발산하다, 풀다, 공개하다
ⓝ 석방, 풀어줌, 공개, 개봉, 발간, 출시, 발매, 방출, 해방

The singer is about to **release** the next album.
그 가수는 다음 앨범 출시를 앞두고 있다.

089
specialize
[ˈspeʃəlaɪz]

ⓥ 전공하다

We **specialize** in quality products.
저희는 고급 제품을 전문적으로 취급합니다.

090
subscription
[səbˈskrɪpʃn]

ⓝ 구독, 구독료, 기부, 기부금, 가입, 사용, 모금

I decided to renew the **subscription**.
나는 구독을 갱신하기로 결심했다.

091
solid
[ˈsɑːlɪd]

ⓐ 단단한, 고체의, 고형의, 견고한, 속이 찬, 튼튼한, 확실한, 순, 믿음직한
ⓝ 고체, 고형물

We have no solid evidence.
우리는 확실한 증거가 없다.

092
selection
[sɪˈlekʃn]

ⓝ 선택, 선발

The final team selection was made.
최종 팀 선발이 이뤄졌다.

093
state-of-the-art
[steɪt ʌv ðə ɑːrt]

ⓐ 최신의

This system is state-of-the-art.
이 시스템은 최첨단이다.

094
superb
[suːˈpɜːrb]

ⓐ 최고의

His performance was superb.
그의 공연은 최고였다.

095
survey
[səˈveɪ]

ⓝ 조사, 측량, 점검, 조망
ⓥ 조사하다, 점검하다, 살피다, 측량하다, 점검하다

The survey was conducted in Korea.
이 조사는 한국에서 이뤄졌다.

096
transfer
[trænsˈfɜː(r)]

ⓥ 옮기다, 이동하다/시키다, 옮기다, 넘겨주다, 이적하다/시키다, 복사하다/되다
ⓝ 이동, 이적, 환승, 전이

You can transfer to Line Number 2 at this stop.
이번 역에서 2호선으로 갈아탈 수 있습니다.

097
traditional
[trəˈdɪʃənl]

ⓐ 전통의

I prefer the traditional method to the new one.
나는 새로운 방식보다 전통적 방식을 선호해.

098
typical
['tɪpɪkl]

ⓐ 전형적인, 보통의

It looks like a typical Korean restaurant.
전형적인 한국 식당처럼 보인다.

099
various
[ˈveriəs]

ⓐ 다양한

The shampoo comes in various fragrances.
그 샴푸는 다양한 향으로 나온다.

100
warranty
[ˈwɔːrənti]

ⓝ 보증서

The closet comes with a three-year warranty.
그 옷장은 3년 품질 보증서가 따라 나온다.

Chapter 03 / 장단점 논의(비공식적 협상, 대화)

001 associate [əˈsoʊʃieɪt]
ⓥ 연상하다, 연관짓다, 어울리다, 지지를 표하다   ⓐ 준, 제휴한
ⓝ 동료, 준회원, 2년제 대학 학위
I always associate the song with an pleasant memory.
나는 항상 그 노래를 즐거운 기억과 연관시킨다.

002 afford [əˈfɔːrd]
ⓥ 여유가 되다, 제공하다
I cannot afford to buy a new car.
나는 새 차를 살 여유가 없다.

003 archaeological [ɑ̀ːrkiəládʒikəl]
ⓐ 고고학의
I sometimes go to archaeological museums.
나는 가끔 고고학 박물관에 간다.

004 athlete [ˈæθliːt]
ⓝ 운동선수
He is an athlete who exercises every day.
그는 매일 운동하는 운동선수다.

005 ancient [ˈeɪnʃənt]
ⓐ 고대의, 오래된
He used to study ancient civilization.
그는 고대 문명을 연구하곤 했다.

006 amenity [əˈmenəti]
ⓝ 생활편의시설
I am looking for a place close to all local amenities.
나는 모든 지역 편의시설과 가까운 장소를 찾고 있는 중이다.

007 additional [əˈdɪʃənl]
ⓐ 추가의
If you need additional information, you can call me.
추가적 정보가 필요하면 전화주세요.

160 _ Part 2. 어휘

008
affordable
[əfɔ́ːrdəbl]

ⓐ 알맞은, 줄 수 있는

I found an affordable house that I had been looking for.
나는 내가 찾고 있던 알맞은 집을 발견했다.

009
annoying
[ə'nɔɪɪŋ]

ⓐ 짜증스러운

His strange behavior is annoying.
그의 이상한 행동은 짜증난다.

010
administration
[əd,mɪnɪ'streɪʃn]

ⓝ 관리, 행정, 집행, 관리직, 행정부, 약물투여

He has some experiences in administration.
그는 약간의 행정 경험이 있다.

011
apply
[ə'plaɪ]

ⓥ 신청하다, 지원하다, 쓰다, 적용하다/되다, 바르다, 전념하다, 누르다

I appreciate the opportunity to apply for this position.
이 자리에 지원할 기회를 주셔서 감사합니다.

012
accessible
[ək'sesəbl]

ⓐ 접근 가능한, 이해하기 쉬운, 다가가기 쉬운

The market is easily accessible by car.
그 시장은 승용차로 수월하게 갈 수 있다.

013
book
[bʊk]

ⓝ 책 ⓥ 예약하다, 기록하다

I'd like to book a room with a mountain view.
산이 보이는 방을 하나 예약하고 싶어요.

014
burglar
[|bɜːrglə(r)]

ⓝ 절도범

This burglar alarm will be activated by movement.
이 도난 경보기는 움직임에 의해 작동될 것이다.

015
pros and cons
[próus ənd káns]

ⓝ 찬반 양론

We debated the pros and cons of the euthanasia.
우리는 안락사에 대한 찬반 논쟁을 벌였다.

016
curriculum
[kəˈrɪkjələm]

ⓝ 교육과정

English is in the curriculum.
영어는 교육과정 안에 있다.

017
compare
[kəmˈper]

ⓥ 비교하다, ~에 필적하다, 비유하다

Nothing can compare with it.
어떤 것도 그것과 견줄 만한 것이 없다.

018
certification
[ˌsɜːrtɪfɪˈkeɪʃn]

ⓝ 증명, 증명서

The certification is not valid.
그 증명서는 유효하지 않다.

019
contract
[kənˈtrækt]

ⓝ 계약
ⓥ 계약하다, 줄이다/줄어들다, 수축하다/시키다, 병에 걸리다, 약속하다

I have to renew my contract.
나는 내 계약을 갱신해야 한다.

020
decision
[dɪˈsɪʒn]

ⓝ 결정, 판단, 결단력

It's time to make a decision.
이제 결정을 내릴 시간이다.

021
devise
[dɪˈvaɪz]

ⓥ (방법·장치 등을) 고안하다

He is trying to devise new ways to streamline the system.
그는 시스템을 간소화시키기 위한 새로운 방법을 고안하려고 노력하는 중이다.

022
disadvantage
[ˌdɪsədˈvæntɪdʒ]

ⓝ 불리한 점, 약점

I think my lack of experience will be a disadvantage.
내 경험 부족이 결점이 될 거라 생각해.

023

diverse
[daɪ|vɜːrs]

ⓐ 다양한

I have met many people from diverse cultures.
나는 다양한 문화에서 온 많은 사람들을 만나 왔다.

024

downside
['daʊnsaɪd]

ⓝ 불리한 면

The cost can be the potential downside.
그 비용은 잠재적으로 불리한 면이 될 수 있다.

025

drawback
['drɔːbæk]

ⓝ 결점, 문제점

The drawback of urban living is a traffic jam.
도시 생활의 결점은 교통혼잡이다.

026

discuss
[dɪ'skʌs]

ⓥ 토론하다

We will discuss the issue today.
우리는 그 문제를 오늘 토론할 것이다.

027

district
['dɪstrɪkt]

ⓝ 지구, 지역, 구역

This district seems to have changed a lot.
이 구역은 많이 변한 것처럼 보여.

028

destroy
[dɪ'strɔɪ]

ⓥ 파괴하다

10 houses were destroyed by fire.
10개의 집이 화재로 파괴됐다.

029

expose
[ɪk'spoʊz]

ⓥ 노출시키다, 드러내다, 폭로하다, 접하게 하다

Do not expose your skin to the sun for a long time.
햇볕에 피부를 오래 노출시키지 말아라.

030

employ
[ɪm'plɔɪ]

ⓥ 고용하다, 이용하다

We employed an expert to ask for advice.
우리는 조언을 구하기 위해 전문가를 고용했다.

031
evident ['evɪdənt]

ⓐ 분명한, 명백한

It has become evident that a mistake has been made.
실수가 있었다는 것이 분명해졌다.

032
explore [ɪk'splɔː(r)]

ⓥ 탐험하다, 답사하다, 탐구하다, 더듬어보다

He would like to explore new places.
그는 새로운 장소들을 탐험하고 싶어한다.

033
enjoyable [ɪn'dʒɔɪəbl]

ⓐ 즐거운

It was such an enjoyable experience.
이것은 즐거운 경험이었다.

034
faith [feɪθ]

ⓝ 믿음, 신앙

I have faith in him.
나는 그를 믿어.

035
facility [fə'sɪləti]

ⓝ 시설, 기능, 재능

The facility is located in an industrial area.
그 시설물은 산업 지역에 있다.

036
fare [fer]

ⓝ 요금, 승객 ⓥ 잘, 잘못하다

How much is the bus fare?
버스 요금이 얼마예요?

037
faulty ['fɔːlti]

ⓐ 흠이 있는, 불완전한, 잘못된

Faulty products can be returned.
잘못된 제품들은 반품될 수 있다.

038
frequent ['friːkwənt]

ⓐ 빈번한 ⓥ 자주 다니다

He is a frequent visitor to that country.
그는 그 나라를 자주 방문하는 사람이다.

039
germ [dʒɜːrm]

ⓝ 세균, 미생물, 기원, 배아

I have a germ phobia.
나는 세균 공포증이 있다.

040
hire [ˈhaɪə(r)]

ⓥ 빌리다, 고용하다, 쓰다   ⓝ 빌림, 대여, 신입사원

The company will hire more accountants.
그 회사는 더 많은 회계사를 고용할 것이다.

041
highway [ˈhaɪweɪ]

ⓝ 고속도로, 공공도로

He is driving on the highway.
그는 고속도로에서 운전 중이다.

042
hassle [ˈhæsl]

ⓝ 귀찮은 상황, 따지기   ⓥ 재촉하다, 들볶다

Do not hassle him.
그를 들볶지 마.

043
individual [ˌɪndɪˈvɪdʒuəl]

ⓐ 각각의, 개인의, 1인용의, 개성 있는   ⓝ 개인, 개성 있는 사람

I respect various individual tastes.
나는 다양한 개인의 취향을 존중해.

044
interact [ˌɪntərˈækt]

ⓥ 소통하다, 상호 작용을 하다

We should interact with each other more often.
우리는 더 자주 상호 작용을 해야 한다.

045
impose [ɪmˈpoʊz]

ⓥ 도입하다, 부과하다, 강요하다, 이용하다, 내세우다

A new law was imposed on the city.
새로운 법이 이 도시에 도입되었다.

046
improvement [ɪmˈpruːvmənt]

ⓝ 향상, 개선

There is no room for improvement.
개선의 여지가 없다.

047
intense
[ɪn'tens]

ⓐ 강렬한, 치열한, 열정적인

Intense heat was released.
강렬한 열기가 방출되었다.

048
irritate
['ɪrɪteɪt]

ⓥ 짜증나게 하다, 거슬리다, 자극하다

It can irritate the skin, eyes, and nose.
이건 피부, 눈, 코를 자극할 수 있다.

049
itch
[ɪtʃ]

ⓥ 가렵다 ⓝ 가려움

I have an itch to travel.
나는 여행이 가고 싶어 몸이 근질거린다.

050
infection
[ɪn'fekʃn]

ⓝ 감염, 전염병

We can be easily exposed to infection.
우리는 쉽게 감염에 노출될 수 있다.

051
inconvenient
[ˌɪnkən'viːniənt]

ⓐ 불편한

The transportation is inconvenient here.
여기는 교통이 불편하다.

052
investment
[ɪn'vestmənt]

ⓝ 투자, 물품

Any investment can involve risk.
어떤 투자도 위험 요소를 수반할 수 있다.

053
inquire
[inkwáiər]

ⓥ 묻다

They inquired about the exchange policy.
그들은 교환 정책에 대해 물었다.

054
maintenance
['meɪntənəns]

ⓝ 유지, 양육비

The computer network server was shut down for maintenance.
그 전산망 서버가 보수하는 동안 멈췄다.

055
neighbor
[néibər]

(n) 이웃 (a) 이웃의 (v) 이웃하다, 이웃해 있다

I don't know the next-door neighbor.
나는 옆집 이웃을 모른다.

056
overseas
[|oʊvər|si:z]

(a) 해외의 (adv) 해외로

She had to work overseas.
그녀는 해외에서 일을 해야 했다.

057
own
[oʊn]

(a) 자신의, 직접 (v) 소유하다, ~임을 인정하다

It was my own idea.
이것은 자신의 생각이었다.

058
population
[|pɑ:pjuˈleɪʃn]

(n) 인구, 주민

The population of this city has declined every year.
이 도시의 인구가 매년 감소해 왔다.

059
private
[ˈpraɪvət]

(a) 사유의, 사적인, 사립의, 사생활의, 개인적인 (n) 이등병

I do not want to share my private thoughts with others.
나는 내 개인적 생각을 다른 이들과 공유하고 싶지 않아.

060
public
[ˈpʌblɪk]

(a) 일반인의, 공공의, 공개된, 사람이 많은 (n) 대중

I prefer public school systems.
나는 공교육 체계를 선호한다.

061
postpone
[poʊˈspoʊn]

(v) 연기하다

The event was postponed twice.
그 이벤트는 두 번이나 연기되었다.

062
punctual
[ˈpʌŋktʃuəl]

(a) 시간을 지키는

She is always punctual and responsible.
그녀는 항상 시간을 엄수하고 책임감 있다.

Chapter 03. 장단점 논의(비공식적 협상, 대화) _ 167

063
patrol [pə'troʊl]

ⓥ 순찰을 돌다, 돌아다니다　ⓝ 순찰, 순찰대

I saw the police car on patrol.
나는 순찰 중인 경찰차를 봤다.

064
passenger ['pæsɪndʒə(r)]

ⓝ 승객

The passengers are waiting to board the plane.
승객들이 비행기에 탑승하려고 기다리고 있는 중이다.

065
payment ['peɪmənt]

ⓝ 지불, 납입, 지불금, 보답

Payment is due on 10th March.
납입은 3월 10일이 기한이다.

066
prone [proʊn]

ⓐ ~하기 쉬운, 엎어져 있는

This area is particularly prone to fog.
이 지역은 특히 안개가 끼기 쉽다.

067
pedestrian [pə'destriən]

ⓝ 보행자　ⓐ 보행자의, 상상력이 없는

We should consider pedestrian safety when we drive.
우리는 운전할 때 보행자의 안전을 고려해야 한다.

068
property ['prɑːpərti]

ⓝ 재산, 소유물, 부동산, 건물, 속성

The property was valued at $100.
그 소유물은 100달러로 평가되었다.

069
permission [pərˈmɪʃn]

ⓝ 허락, 승인

He was given permission for the expenditure.
그는 지출에 대한 허락을 받았다.

070
procedure [prə'siːdʒə(r)]

ⓝ 절차, 수술

It is essential to follow the procedure.
그 절차를 따르는 것은 필수적이다.

071
professional [prəˈfeʃənl]

ⓐ 직업의, 전문적인, 프로의 ⓝ 전문직 종사자, 프로

She is a professional golfer.
그녀는 프로 골프선수다.

072
permanent [ˈpɜːrmənənt]

ⓐ 영구적인

He was granted permanent residency in America.
그는 미국에서 영주권을 받았다.

073
painful [ˈpeɪnfl]

ⓐ 아픈, 괴로운, 골치 아픈

My back is painful.
내 허리가 아프다.

074
react [riˈækt]

ⓥ 반응하다, 반응을 보이다

Some young people tend to react against traditional values.
몇몇의 젊은이들은 전통적 가치에 반하는 반응을 보이는 경향이 있다.

075
revise [rɪˈvaɪz]

ⓥ 교정하다, ⓝ 수정, 정정

Would you like to revise that statement?
당신의 진술을 수정하시겠습니까?

076
regulation [ˌreɡjuˈleɪʃn]

ⓝ 규제, 통제, 단속 ⓐ 규정된

We need the tighter regulation of the industry.
우리는 그 산업에 더 강한 규제가 필요하다.

077
repair [rɪˈper]

ⓥ 수리하다, 바로잡다 ⓝ 수리, 보수, 수선

I need to repair my car.
나는 차를 수리해야 한다.

078
reliable [rɪˈlaɪəbl]

ⓐ 믿을 수 있는, 믿을 만한

I want to meet someone reliable.
나는 믿을 수 있는 누군가를 만나길 원해.

079
schooling ['skuːlɪŋ]

ⓝ 학교 교육

Compulsory schooling usually ends at nineteen in Korea.
의무적 학교교육은 한국에서 보통 19살에 끝난다.

080
squeeze [skwiːz]

ⓥ 짜다, 짜내다, 밀어 넣다, 압박하다 ⓝ 짜기, 즙, 빽빽이 찬 상태, 압박

I squeezed the juice from a lemon.
나는 레몬에서 즙을 짜냈다.

081
resource [ˈriːsɔːrs]

ⓝ 자원, 재료 ⓥ 자원을 제공하다

Air is the most important natural resource.
공기는 가장 중요한 천연자원이다.

082
sanitation [ˌsænɪˈteɪʃn]

ⓝ 위생시설

The main cause of the disease was poor sanitation.
그 병의 주된 원인은 형편없는 위생시설이었다.

083
supervise [ˈsuːpərvaɪz]

ⓥ 감독하다

He carefully supervises the children.
그는 조심스럽게 아이들을 감독한다.

084
sociable [ˈsoʊʃəbl]

ⓐ 사교적인, 사람들과 어울리기 좋아하는

She is a sociable person who likes to talk.
그녀는 이야기하기를 좋아하는 사교적인 사람이다.

085
socialize [ˈsoʊʃəlaɪz]

ⓥ 사귀다, 사회화시키다, 사회주의화하다

I like socializing with people from other countries.
나는 다른 나라에서 온 사람들과 사귀는 것을 좋아한다.

086
secure [səˈkjʊr]

ⓐ 안심하는, 안전한, 확실한, 단단한
ⓥ 얻어내다, 고정시키다, 보호하다, 담보를 제공하다

He needs to find a secure job.
그는 안전한 직장을 찾을 필요가 있다.

087
separate
['sepəreɪt; 'seprət]

ⓐ 분리된, 별개의   ⓥ 분리되다/하다, 갈라지다, 헤어지다, 구분짓다

The house has three separate bedrooms.
그 집은 세 개의 분리된 침실이 있다.

088
suburban
[sə|bɜːrbən]

ⓐ 교외의, 평범한, 따분한

I live in suburban London.
나는 런던의 교외에 산다.

089
side effect
[saɪd ɪ'fekt]

ⓝ 부작용

Hair loss is a possible side effect.
탈모는 있을 수 있는 부작용입니다.

090
temperature
[|temprətʃə(r)]

ⓝ 온도, 고열

The temperature went up to 30°C.
온도가 섭씨 30도까지 올라갔다.

091
tuition
[tu|ɪʃn]

ⓝ 수업, 교습, 수업료

I have to cover my tuition fees myself.
나는 스스로 학비를 감당해야 한다.

092
tax
[tæks]

ⓝ 세금   ⓥ 세금을 부과하다, 자동차세를 납부하다, 힘들게 하다

The tax is included in the price.
그 가격에서 세금이 포함되어 있습니다.

093
transportation
[|trænspɔːr|teɪʃn]

ⓝ 운송, 수송

We provide free transportation to the hotel from downtown.
우리는 시내에서 호텔까지 무료 교통편을 제공한다.

094
trespasser
['trespəsə(r)]

ⓝ 무단침입자

The trespasser was prosecuted.
무단침입자가 고소당했다.

095

uncertain
[ʌnˈsɜːrtn]

ⓐ 불확실한, 불안정한

He is uncertain about what he should do.
그는 뭘 해야 할지 불확실했다.

096

undergo
[ˌʌndərˈɡoʊ]

ⓥ 겪다

He had to undergo the drug therapy.
그는 약물치료를 겪어야 했다.

097

varied
[ˈværid]

ⓐ 다양한, 다채로운

I respect varied opinions.
나는 다양한 의견들을 존중한다.

098

vehicle
[ˈviːəkl]

ⓝ 차량, 탈것, 운송수단, 수단

The car crashed into a stationary vehicle.
그 차는 멈춰 있던 차량과 충돌했다.

099

wealthy
[ˈwelθi]

ⓐ 부유한

I am craving for having a wealthy lifestyle.
나는 부유한 생활방식을 갈망해.

100

worthwhile
[ˈwɜːrθˈwaɪl]

ⓐ 가치 있는

We should do something worthwhile.
우리는 뭔가 가치 있는 것을 해야 한다.

Chapter 04 / 설명(일반적 일의 진행, 과정)

001
account
[əˈkaʊnt]

ⓝ 계좌, 장부, 신용거래, 단골, 계정, 설명, 기술   ⓥ 간주하다, 여기다

You need an ID card to open an account.
계좌를 개설하기 위해서는 신분증이 필요하다.

002
address
[əˈdres]

ⓝ 주소, 연설, 호칭
ⓥ 주소를 쓰다, (~앞으로 우편물을) 보내다, 연설하다, 말을 걸다, 호칭을 쓰다, 다루다

Please, write your name and address here.
여기에 이름과 주소를 적으세요.

003
advocate
[ˈædvəkət]

ⓥ 지지하다   ⓝ 지지자

He does not advocate the use of violence.
그는 폭력의 사용을 지지하지 않는다.

004
advisable
[ədˈvaɪzəbl]

ⓐ 권할 만한, 바람직한

It is advisable to book in advance.
미리 예매하는 것이 바람직하다.

005
assist
[əˈsɪst]

ⓥ 돕다, 도움이 되다   ⓝ 도움주기

I will try to assist you, when you need help.
네가 도움이 필요할 때 내가 너를 도울려고 노력할게.

006
appropriate
[əˈproʊprieɪt]

ⓐ 적절한   ⓥ 도용하다, 책정하다

It would be appropriate to choose the course.
그 코스를 선택하는 것이 적절할 것이다.

007
appearance
[əˈpɪrəns]

ⓝ 외모, 출현, 발행, 방송

That was his first appearance on TV.
그것은 그의 첫 번째 티비 출현이었다.

008
article
[ˈɑːrtɪkl]

ⓝ 글, 기사, 조항, 물품, 관사

Did you read the article in today's newspaper?
오늘 신문에서 그 기사 읽었어?

009
argue
[ˈɑːrɡjuː]

ⓥ 주장하다, 언쟁하다, 입증하다

They argue that the policy has no effect.
그들은 그 정책이 영향이 없다고 주장한다.

010
authentic
[ɔːˈθentɪk]

ⓐ 진짜인, 진품인, 정확한, 진짜와 꼭 같게 만든

This painting looks authentic.
이 그림은 진품 같다.

011
approve
[əˈpruːv]

ⓥ 찬성하다, 승인하다

The committee approved the plan.
위원회는 그 계획을 승인했다.

012
abusive
[əˈbjuːsɪv]

ⓐ 모욕적인, 폭력적인, 학대하는

Do not use abusive language.
모욕적인 언어를 사용하지 말아라.

013
accuracy
[ˈækjərəsi]

ⓝ 정확, 정확도

I am not sure about the accuracy of the information.
나는 그 정보의 정확성에 대해 확실하지 않다.

014
branch
[bræntʃ]

ⓝ 나뭇가지, 지사, 분점, 분야   ⓥ 갈라지다

The company has ten branches all over the country.
그 회사는 전국에 10개 지사를 두고 있다.

015
boost
[buːst]

ⓥ 증가시키다, 북돋우다   ⓝ 격려, 증가, 밀어 올리기

The new item boosted profits by 5%.
새로운 상품이 수익을 5프로 증가시켰다.

016
catchy
['kætʃi]

ⓐ 기억하기 쉬운

I found the title catchy.
나는 그 제목이 기억하기 쉽다는 것을 발견했다.

017
check
[tʃek]

ⓥ 살피다, 알아보다, 억제하다, 억누르다, (짐을) 맡기다, (수화물을) 부치다
ⓝ 확인, 점검, 조사, 저지, 견제, 체크무늬, 계산서, 보관소, 보관증

Let me check the document.
내가 그 서류를 살펴볼게.

018
cover
['kʌvə(r)]

ⓥ 덮다, 바르다, 다루다, (충분한 돈이) 되다, (거리를) 이동하다, (지역에)걸치다, 보도하다, 대신하다, 보장하다, 엄호하다, 리메이크해 싣다
ⓝ 덮개, 몸을 숨길 곳, 표지, 보장, 엄호, 초목, 위장, 대행

I saw snow covering the mountain.
나는 산을 덮고 있는 눈을 봤다.

019
convert
[kən|vɜːt]

ⓥ 바꾸다, 전환하다/되다, 개종하다 ⓝ 개종자, 전향자

I do not know how to convert this file to MP3.
나는 이 파일을 어떻게 MP3로 바꾸는지 몰라.

020
convince
[kən'vɪns]

ⓥ 납득시키다, 확신시키다, 설득하다

I convinced him to meet her.
나는 그에게 그녀를 만나보라고 설득했다.

021
capable
['keɪpəbl]

ⓐ 할 수 있는, 유능한

He seems to be capable of doing anything.
그는 뭐든 할 수 있는 것처럼 보여.

022
considerate
[kən'sɪdərət]

ⓐ 사려 깊은, 배려하는

She is considerate and kind.
그녀는 사려 깊고 친절하다.

Chapter 04. 설명(일반적 일의 진행, 과정)

023
composition
[ˌkɑːmpəˈzɪʃn]

ⓝ 구성, 구성요소들, 작품, 작곡, 작문, 구도

I found some grammatical mistakes in his composition.
나는 그의 작문에서 몇 가지 문법적 실수들을 발견했다.

024
compile
[kəmˈpaɪl]

ⓥ 엮다, 편집하다, 명령어를 번역하다

We should compile the data by 3 o'clock.
우리는 세 시까지 데이터를 편집해야 한다.

025
cite
[saɪt]

ⓥ 인용하다, (이유, 예를) 들다, (법정에) 소환하다

I cited some relevant examples.
나는 관련된 몇 가지 예를 들었다.

026
circulate
[ˈsɜːrkjəleɪt]

ⓥ 순환하다/시키다, 유포되다/하다, 돌아다니다

Blood circulates through the arteries and veins.
피는 동맥과 정맥을 통해 순환한다.

027
compromise
[ˈkɑːmprəmaɪz]

ⓝ 타협, 절충   ⓥ 타협하다, 굽히다, 위태롭게 하다

We finally reached a compromise.
우리는 마침내 타협에 도달했다.

028
cautious
[ˈkɔːʃəs]

ⓐ 조심스런, 신중한

He is very cautious about investment.
그는 투자에 있어서 매우 신중하다.

029
credibility
[ˌkredəˈbɪləti]

ⓝ 신뢰성

He lost his credibility.
그는 그의 신뢰를 잃었다.

030
defective
[dɪˈfektɪv]

ⓐ 결함이 있는

I found the product defective.
나는 그 상품에 결함이 있는 것을 발견했다.

031
deposit
[dɪ|pɑːzɪt]

ⓝ 보증금, 예금, 선거 공탁금, 매장층, 침전물
ⓥ 두다, 침전시키다, 예금하다, 보증금을 내다, 맡기다

The money was deposited in my bank account.
그 돈은 내 계좌에 예금되었다.

032
dishonest
[dɪs|ɑːnɪst]

ⓐ 정직하지 못한

I do not like being dishonest.
나는 정직하지 못한 건 싫어.

033
devote
[dɪvóut]

ⓥ 바치다, 쏟다

She devoted her life to education.
그녀는 그녀의 삶을 교육에 바쳤다.

034
defend
[dɪ'fend]

ⓥ 방어하다, 변호하다

I can defend myself against your attack.
나는 네 공격에 나 스스로 방어할 수 있다.

035
desperate
['despərət]

ⓐ 자포자기한, 필사적인, 간절히 원하는, 극심한

That was the desperate moment of life.
그것은 삶의 필사적 순간이었다.

036
embarrassing
[ɪm'bærəsɪŋ]

ⓐ 당황스러운

The question was embarrassing.
그 질문은 당황스러웠다.

037
exaggerate
[ɪɡ'zædʒəreɪt]

ⓥ 과장하다

She tends to exaggerate.
그녀는 과장하는 경향이 있다.

038
examine
[ɪɡ'zæmɪn]

ⓥ 조사하다, 검사하다, 시험을 실시하다, 심문하다

Each case will be examined in detail.
각각의 경우가 상세히 검사될 것이다.

039
encounter
[ɪnˈkaʊntə(r)]

ⓥ 맞닥뜨리다, 접하다   ⓝ 만남, 접촉, 시합

I **encountered** the idea during the meeting.
나는 회의하는 동안에 그 아이디어를 접하게 되었다.

040
endorse
[ɪnˈdɔːrs]

ⓥ 지지하다, 보증하다, (수표에) 이서하다, (운전면허증에) 위반 사항을 기입하다

I **endorse** his statement.
나는 그의 진술을 지지한다.

041
financial
[faɪˈnænʃl]

ⓐ 금융의, 돈이 있는

He was suffering from **financial** crisis.
그는 금융 위기로부터 고통받고 있었다.

042
fee
[fiː]

ⓝ 수수료, 요금

The club requires membership **fees**.
그 클럽은 회비를 요구한다.

043
favorable
[féivərəbl]

ⓐ 호의적인, 찬성하는, 유리한, 알맞은, 편리한, 좋은, 유망한

She wrote some **favorable** reviews.
그녀는 몇몇의 좋은 후기들을 썼다.

044
frustration
[frʌˈstreɪʃn]

ⓝ 불만, 좌절

She was crying out of **frustration**.
그녀는 불만으로 울었다.

045
form
[fɔːrm]

ⓝ 종류, 방식, 서식, 형식, 몸상태, 솜씨
ⓥ 형성되다/시키다, 구성되다/하다, 모으다/모이다, 기능을 하다

These letters can **form** several words.
이 문자들이 몇 개의 단어를 형성할 수 있다.

046
guardian
[ˈgɑːrdiən]

ⓝ 수호자, 후견인

My uncle has been my guardian for 10 years.
내 삼촌은 10년 동안 내 후견인이 되어 줬다.

047
hygiene
[ˈhaɪdʒiːn]

ⓝ 위생

Good hygiene can minimize the risk of infection.
좋은 위생상태는 감염의 위험을 최소화할 수 있다.

048
handle
[ˈhændl]

ⓥ 다루다, 손으로 만지다, 취급하다   ⓝ 손잡이

I can handle the situation well.
나는 그 상황을 잘 다룰 수 있어.

049
issue
[ˈɪʃuː]

ⓝ 문제, 주제, 호, 발행, 자녀   ⓥ 발표하다, 발부하다, 발행하다

We will discuss the new issue.
우리는 새로운 문제에 대해 토론할 것이다.

050
intentional
[ɪnˈtenʃənl]

ⓐ 의도적인

I am sorry but it was not intentional.
죄송하지만 고의는 아니었어요.

051
incomplete
[ˌɪnkəmˈpliːt]

ⓐ 불완전한

His collection was left incomplete.
그의 수집은 완성되지 않은 채로 남겨졌다.

052
irregular
[ɪˈregjələ(r)]

ⓐ 불규칙적인, 고르지 못한, 비정상적인, 비정규의   ⓝ 비정규병

The teacher taught us irregular verbs.
선생님이 우리에게 불규칙 동사를 가르쳐 주셨다.

053
inadequate
[ɪnˈædɪkwət]

ⓐ 불충분한, 부적당한, 부족한

This system is inadequate for our new project.
이 시스템은 우리의 새로운 프로젝트에 부적당하다.

Chapter 04. 설명(일반적 일의 진행, 과정)

054
ignore [ɪgˈnɔː(r)]

ⓥ 무시하다, 못 본 척하다

You should not ignore his advice.
너는 그의 조언을 무시하면 안 된다.

055
idle [ˈaɪdl]

ⓐ 게으른, (기계, 공장 등이) 가동되지 않는, 실직 상태인, 뚜렷한 목적이 없는, 한가한
ⓥ 빈둥거리다, 공회전하다, (일꾼 등을) 놀리다

He is an idle student who likes to put off his homework.
그는 숙제를 미루기를 좋아하는 게으른 학생이다.

056
inspect [ɪnˈspekt]

ⓥ 점검하다, 사찰하다

You should inspect the goods before selling them.
물건들을 팔기 전에 점검해야 한다.

057
messy [ˈmesi]

ⓐ 지저분한, 엉망인, 골치 아픈

My room is messy so I need to clean it up.
내 방이 지저분해서 치워야 할 필요가 있다.

058
material [məˈtɪriəl]

ⓝ 재료, 자료, 직물, 소재, 내용 ⓐ 물질적인, 중요한

He prefers to use visual materials when memorizing new words.
그는 새로운 단어를 외울 때 시각적 자료들을 사용하길 선호한다.

059
misleading [ˌmɪsˈliːdɪŋ]

ⓐ 오해의 소지가 있는

The brochure is misleading about the price of the product.
그 책자는 그 상품의 가격을 오해하게 한다.

060
necessary [ˈnesəseri]

ⓐ 필수적인

It is necessary to have some experience for this job.
이 업무에는 약간의 경험은 필수적이다.

061 negotiate [nɪˈgoʊʃieɪt]

ⓥ 협상하다, 성사시키다, (힘든 부분을) 넘다

The boss was willing to negotiate with him.
사장님이 그와 협상할 의지가 있다.

062 notice [ˈnoʊtɪs]

ⓝ 주목, 알아챔, 공고문, 안내판, 알림, 사직서, 해고통보, 단평
ⓥ 알다, 주목하다

I noticed him following me.
나는 그가 나를 따라오는 것을 알아차렸다.

063 order [ˈɔːrdə(r)]

ⓝ 순서, 정돈, 질서, 명령, 주문, 환, 체제, 계층, (동식물 분류상의) 목, 교단, 훈장, 비밀조직
ⓥ 명령하다, 주문하다, 정리하다

May I take your order?
주문하시겠어요?

064 original [əˈrɪdʒənl]

ⓐ 원래의, 독창적인, 원본의　ⓝ 원본

You can keep the original and I will have the copies.
네가 원본을 가지고 내가 사본들을 가질게.

065 purchase [ˈpɜːrtʃəs]

ⓝ 구입, 꽉 잡기, 잡을 곳/디딜 곳　ⓥ 구입하다

He purchased the house for $800 million.
그는 그 집을 8억 달러에 샀다.

066 payment [ˈpeɪmənt]

ⓝ 지불, 지불금, 납입, 보답

I had to defer payment for a week.
나는 납입을 한 주 미뤄야 했다.

067 presentable [prɪˈzentəbl]

ⓐ 남 앞에 내놓을 만한, 받아들여질 만한

She made herself presentable before the guests arrived.
그녀는 손님들이 도착하기 전에 몸단장을 했다.

Chapter 04. 설명(일반적 일의 진행, 과정)

068 reasonable
['riːznəbl]

ⓐ 합리적인, 타당한, 상당히 괜찮은

The price was reasonable.
그 가격은 합리적이었다.

069 restriction
[rɪ'strɪkʃn]

ⓝ 제한, 제약, 구속

There are no restrictions on the amount of money you can deposit.
당신이 입금할 수 있는 금액에 제한이 없다.

070 representative
[ˌreprɪ'zentətɪv]

ⓝ 대표자, 대리인, 하원의원 ⓐ 대표하는, 전형적인, 대표제의

He will attend the ceremony as the King's representative.
그는 왕의 대리인으로 그 의식에 참석할 것이다.

071 recruit
[rɪ'kruːt]

ⓥ 모집하다, 설득하다, 구성하다 ⓝ 신입, 신병, 신입경찰

The company tried to recruit more workers.
그 회사는 더 많은 사원들을 모집하려고 노력했다.

072 routine
[ruː'tiːn]

ⓝ 틀, 일상, 루틴 ⓐ 일상의, 보통의, 판에 박힌, 지루한

I sometimes need a break from routine.
나는 가끔 일상으로부터 휴식이 필요하다.

073 refuse
[rɪ'fjuːz]

ⓥ 거절하다, 거부하다

I refused to talk to him.
나는 그와 이야기 하는 것을 거부했다.

074 reputable
['repjətəbl]

ⓐ 평판이 좋은

The writer is looking for a reputable publisher.
그 작가는 평판이 좋은 출판사를 찾고 있는 중이다.

075 regulation
[ˌregju'leɪʃn]

ⓝ 규제, 통제, 규정, 단속 ⓐ 규정된

We need tighter regulations now.
우리는 지금 더 강한 규제가 필요하다.

076
retail
[ˈriːteɪl]

ⓝ 소매　ⓥ 소매하다, 팔리다

The retail price is $30.
소매가격은 30달러이다.

077
rude
[ruːd]

ⓐ 무례한, 예상치 못한, 대충 만든

Don't be rude to your parents.
부모님께 무례하게 굴지 마.

078
remark
[rɪˈmɑːrk]

ⓝ 발언, 주목　ⓥ 말하다

He began his remarks with a friendly smile.
그의 노력은 친절한 미소와 함께 그의 발언을 시작했다.

079
reward
[rɪˈwɔːrd]

ⓝ 보상, 현상금, 보상금, 사례금　ⓥ 보상/보답/사례하다

His efforts will be rewarded with a prize.
그의 노력은 상으로 보상받을 것이다.

080
select
[sɪˈlekt]

ⓥ 선발하다, 선택하다　ⓐ 엄선된, 고급의

He was not selected for the team.
그는 그 팀에 선발되지 않았다.

081
sensational
[senˈseɪʃənl]

ⓐ 세상을 놀라게 하는, 돌풍을 일으키는, 선풍적인, 선정적인, 매우 훌륭한

There were several sensational rumors about her private life.
그녀의 사생활에 대한 몇 가지 선정적 풍문들이 있었다.

082
subject
[ˈsʌbdʒɪkt]

ⓝ 주제, 문제, 학과, 과목, 대상, 소재, 연구대상, 주어, 국민, 신하
ⓐ ~될 수 있는, ~을 받아야 하는, ~의 권한 아래 있는, 종속된
ⓥ 지배하에 두다

English is my favorite subject.
영어는 내가 가장 좋아하는 과목이다.

Chapter 04. 설명(일반적 일의 진행, 과정) _ 183

083
sweat
[swet]

ⓝ 땀, 땀에 젖은 상태, 노력, 수고, 운동복
ⓥ 땀을 흘리다, 물기가 스며 나오다, 매우 열심히 일하다, 불안해하다

The hot weather made us **sweat**.
뜨거운 날씨가 우리를 땀나게 만들었다.

084
subtle
[ˈsʌtl]

ⓐ 미묘한, 감지하기 힘든, 교묘한, 영리한, 예리한

She tried a **subtle** approach to win.
그녀는 이기기 위해서 더 교묘한 방법을 쓰려고 했다.

085
shameful
[ˈʃeɪmfl]

ⓐ 창피한, 수치스런, 부끄러운

It was **shameful** to cry in front of you.
네 앞에서 우는 건 창피했다.

086
strength
[streŋθ]

ⓝ 힘, 내구력, 용기, 세력, 강도, 강점, 인원

We all have our own **strengths** and weaknesses.
우리는 모두 강점과 약점을 가진다.

087
substantial
[səbˈstænʃl]

ⓐ 상당한, 크고 튼튼한

They donated a **substantial** amount of money.
그들은 상당한 양의 돈을 기부했다.

088
spread
[spred]

ⓥ 퍼지다, 퍼뜨리다, 바르다, 발라지다, 나누다
ⓝ 확산, 다양성, 스프레드, 지역, 길이, 범위, 양면 기사, 진수성찬, 땅, 바다, 차액

The forest fire **spread** rapidly.
산불이 빠르게 퍼졌다.

089
suspicious
[səˈspɪʃəs]

ⓐ 의심스런, 수상쩍은

I was **suspicious** about his behaviour.
나는 그의 행동이 의심스러웠다.

090
talent [ˈtælənt]

(n) 재능, 재능 있는 사람들

She has artistic talent.
그녀는 예술적 재능이 있다.

091
transact [trænˈzækt]

(v) 거래하다

I will not transact any business without a contract.
나는 계약서 없이는 어떤 사업도 거래하지 않을 것이다.

092
trustworthy [ˈtrʌstwɜːrði]

(a) 신뢰할 수 있는

I found someone trustworthy to help me.
나는 나를 도울 수 있는 신뢰할 만한 누군가를 찾았다.

093
trim [trɪm]

(v) 다듬다, 잘라내다, 장식하다   (n) 다듬기, 장식, 테두리
(a) 늘씬한, 잘 가꾼

How often do you trim your hair?
얼마나 자주 머리를 다듬나요?

094
tempt [tempt]

(v) 유혹하다, 유도하다

I was tempted by the suggestion.
나는 그 제안에 유혹당했다.

095
unpleasant [ʌnˈpleznt]

(a) 불쾌한, 불친절한, 무례한, 불편한

I had an unpleasant experience.
나는 불쾌한 경험을 했다.

096
valid [ˈvælɪd]

(a) 유효한, 타당한

This passport is not valid anymore.
이 여권은 더 이상 유효하지 않다.

097
victim [ˈvɪktɪm]

(n) 피해자, 희생자, 환자, 재물

When you travel, you can be an easy victim for pickpockets.
여행할 때 당신은 소매치기의 쉬운 희생자가 될 수 있다.

098
vital
['vaɪtl]

ⓐ 필수적인, 생명 유지와 관련된, 활기찬

The heart is a **vital** organ.
심장은 필수 기관이다.

099
withdraw
[wɪðˈdrɔː]

ⓥ 철수하다/시키다, 빼내다, 물러나다, 취소하다, 탈퇴하다/시키다, 인출하다, 틀어박히다

I would like to **withdraw** $100.
저는 100달러를 인출하고 싶어요.

100
widespread
[ˈwaɪdspred]

ⓐ 광범위한, 널리 퍼진

The flood resulted in **widespread** loss of life.
그 홍수는 광범위한 인명손실을 낳았다.

Chapter 05 / 인물일대기(과거 역사 속 인물)

001
arrange
[əˈreɪndʒ]

ⓥ 마련하다, 처리하다, 정리하다, 배열하다, 편곡하다
The meeting was quickly arranged.
회의가 빠르게 마련되었다.

002
adopt
[əˈdɑːpt]

ⓥ 입양하다, 채택하다, (방식, 자세, 태도, 어조, 표정을) 취하다
He was adopted when he was 5 years old.
그는 5살 때 입양되었다.

003
apprenticeship
[əˈprentɪʃɪp]

ⓝ 수습기간, 수습직
He served his apprenticeship as a carpenter.
그는 목수로 수습기간을 거쳤다.

004
assistance
[əˈsɪstəns]

ⓝ 도움, 원조, 지원
We will provide you with assistance when you need one.
도움이 필요하면 제공해드릴게요.

005
competition
[ˌkɑːmpəˈtɪʃn]

ⓝ 경쟁, 대회, 시합, 경쟁 상대
He will participate in the international writing competition.
그는 국제 작문 대회에 참가할 것이다.

006
childhood
[ˈtʃaɪldhʊd]

ⓝ 어린 시절
He spent most of his childhood in Korea.
그는 어린 시절의 대부분을 한국에서 보냈다.

007
conceive
[kənˈsiːv]

ⓥ 상상하다, 마음속에 품다, 임신하다
I cannot conceive of him as a writer.
그가 작가라는 것은 상상도 못할 일이다.

008 charity
['tʃærəti]

ⓝ 자선단체, 자선, 관용

He runs a charity for poor people.
그는 가난한 사람들을 위해 자선단체를 운영한다.

009 commission
[kə'mɪʃn]

ⓝ 위원회, 수수료, 의뢰, 장교직, (범행을) 범함
ⓥ 의뢰하다, (장교로) 임관시키다

You will get a 5% commission on the sales.
당신은 판매의 5% 수수료를 받을 것이다.

010 capital
['kæpɪtl]

ⓝ 수도, 자본금, 자산, 자본가, 대문자, 기둥머리
ⓐ 사형의, 대문자의, 훌륭한

Seoul is the capital of Korea.
서울은 한국의 수도이다.

011 costly
[ǀkɔːstli]

ⓐ 많은 비용이 드는, 대가가 큰

I cannot afford to buy the computer as it is costly.
그 컴퓨터가 너무 비싸서 나는 그것을 살 여유가 없다.

012 contrast
[ǀkɒntrɑːst]

ⓝ 대조, 차이, 대비, 대조적인 사람/것, 명암
ⓥ 대조하다, 대비시키다, 대조를 보이다

Let's contrast the two characters in the movie.
영화의 두 캐릭터를 대조해보자.

013 cheat
[tʃiːt]

ⓥ 속이다, 사기치다, 부정행위를 하다, 바람피우다
ⓝ 속임수를 쓰는 사람, 속임수, 편법

He cheated on his wife.
그는 아내를 속였다.

014 classical
['klæsɪkl]

ⓐ 고전적인, 클래식의, 고대의, 고어의, 단아한

I enjoy listening classical music.
나는 클래식 음악을 듣는 것을 즐겨.

015
development
[dɪˈveləpmənt]

ⓝ 발달, 성장, 개발, 신개발품, 새로이 전개된 사건, 개발지

The city underwent rapid development.
그 도시는 빠른 개발을 겪었다.

016
depict
[dɪˈpɪkt]

ⓥ 그리다, 묘사하다

The picture depicts our society in detail.
그 그림은 우리 사회를 상세하게 묘사한다.

017
distinct
[dɪˈstɪŋkt]

ⓐ 뚜렷한, 분명한, 뚜렷이 다른, 별개의, 확실한, 분명한

The teacher uses a distinct teaching method.
선생님은 독특한 교육 방식을 사용한다.

018
deficiency
[dɪˈfɪʃnsi]

ⓝ 결핍, 결점, 결함

He was suffering from a nutrient deficiency.
그는 영양 결핍으로 고통받고 있는 중이었다.

019
dominate
[ˈdɑːmɪneɪt]

ⓥ 지배하다, ~의 가장 중요한 특징이 되다, 우세하다

She dominated the conversation.
그녀는 대화를 지배했다.

020
diplomatic
[ˌdɪpləˈmætɪk]

ⓐ 외교의, 외교적 수완이 있는

The carreer requires diplomatic skills.
그 직업은 외교적 기술을 요구한다.

021
declare
[dɪˈkler]

ⓥ 선언하다, 분명히 말하다, (소득, 과세 물품을) 신고하다

All income must be declared.
모든 소득은 신고되어야 한다.

022
distaste
[dɪsˈteɪst]

ⓝ 불쾌감, 혐오감

She looked at him in distaste.
그녀는 그를 불쾌한 기분으로 봤다.

023
establish [ɪˈstæblɪʃ]

ⓥ 설립하다, 수립하다, 확고히 하다, 확립하다, 규명하다

The organization was established in 2000.
그 단체는 2000년에 설립되었다.

024
electricity [ɪˌlekˈtrɪsəti]

ⓝ 전기, 전력, 열광

Every house has electricity.
모든 집은 전기를 가진다.

025
envious [ˈenviəs]

ⓐ 부러워하는

He was envious of his best friend.
그는 그의 가장 친한 친구를 부러워했다.

026
entrepreneur [ˌɑːntrəprəˈnɜː(r)]

ⓝ 사업가, 기업가

The entrepreneur started another business.
그 사업가는 또 다른 사업을 시작했다.

027
envision [ɪnˈvɪʒn]

ⓥ 마음속에 그리다

We envision an advanced society.
우리는 진보된 사회를 마음속에 그린다.

028
excess [ɪkˈses]

ⓝ 지나침, 과도, 과잉, 초과량, 본인 부담분, 도를 넘는 행위 ⓐ 초과한

He does not drink alcohol to excess.
그는 지나칠 정도까지 술을 마시지 않는다.

029
emerge [iˈmɜːrdʒ]

ⓥ 나오다, 드러나다, 생겨나다, 헤쳐 나오다

A few problems started to emerge.
몇 가지 문제들이 드러나기 시작했다.

030
elaborate [ɪˈlæbəreɪt]

ⓐ 정교한, 정성을 들인 ⓥ 자세히 말하다, 정교하게 만들어 내다

The system was so elaborate that we could use it.
그 시스템은 너무 정교해서 우리는 그것을 사용할 수 있었다.

031
evoke
[ɪ'voʊk]

ⓥ 떠올려 주다

Her remark evoked memories of his youth.
그의 발언은 그의 젊은 날을 떠오르게 했다.

032
exhaust
[ɪɡ'zɔːst]

ⓝ 배기가스, 배기관
ⓥ 기진맥진하게 만들다, 다 써버리다, 고갈시키다, 샅샅이 다루다

A long walk exhausted her.
오래 걷는 것은 그녀를 기진맥진하게 했다.

033
friendship
['frendʃɪp]

ⓝ 교우관계

We have kept a close friendship.
우리는 가까운 우정을 유지해왔다.

034
founder
['faʊndə(r)]

ⓝ 설립자 ⓥ 실패하다, 침몰하다

He is the founder of the company.
그는 그 회사의 창립자이다.

035
formal
['fɔːrml]

ⓐ 공식적인, 정중한, 격식을 차린, 정규적인

I need a formal dress to attend the meeting.
나는 회의에 참여하기 위해 격식을 차릴 옷이 필요하다.

036
flee
[fliː]

ⓥ 달아나다

They had to flee when the war started.
전쟁이 시작됐을 때 그들은 달아나야 했다.

037
grandparent
[ˈɡrænperənt]

ⓝ 조부모

He visited his grandparents' house.
그는 조부모님의 집을 방문했다.

038
grieve
[ɡriːv]

ⓥ 비통해 하다, 대단히 슬프게 만들다

She was grieving for the loss of her son.
그녀는 아들을 잃어서 비통해하고 있었다.

039
grant [grænt]

Ⓥ 승인하다, 인정하다 Ⓝ 보조금

Permission was granted to produce the products.
그 상품들을 생산하는 데 허가가 승인되었다.

040
habit [ˈhæbɪt]

Ⓝ 버릇, 습관, 습관성 중독, 의복

I need to change my eating habit.
나는 식습관을 바꿀 필요가 있다.

041
inventor [ɪnˈventə(r)]

Ⓝ 발명가

Edison was a great inventor.
에디슨은 위대한 발명가였다.

042
impulse [ˈɪmpʌls]

Ⓝ 충동, 충격, 자극

She felt a sudden impulse to scream.
그녀는 갑자기 소리지르고 싶은 충동을 느꼈다.

043
implement [ˈɪmpləˌmɛnt]

Ⓥ 시행하다 Ⓝ 도구

The new policy will be implemented.
새로운 정책이 시행될 것이다.

044
injection [ɪnˈdʒekʃn]

Ⓝ 주사, 주입, 자금투입

The nurse gave me an injection.
간호사가 나에게 주사를 놓았다.

045
incurable [ɪnˈkjʊrəbl]

ⓐ 치유할 수 없는, 바꿀 수 없는

She suffered from an incurable disease.
그녀는 불치병으로 고통받았다.

046
immigrant [ˈɪmɪgrənt]

Ⓝ 이민자

The number of the immigrants has been increasing.
이민자들의 수가 증가해왔다.

047
initiative
[ɪˈnɪʃətɪv]

(n) 계획, 진취성, 결단력, 주도, 자주성

I need to use my initiative.
나는 진취성을 발휘할 필요가 있다.

048
insistence
[ɪnˈsɪstəns]

(n) 고집, 주장, 강조

He tried to justify his own insistence.
그는 그의 주장을 합리화하려고 노력했다.

049
ignorance
[ˈɪɡnərəns]

(n) 무지, 무식

His attitude was based on ignorance.
그의 태도는 무지함에 기반해 있었다.

050
immoral
[ɪˈmɔːrəl; ɪˈmɑːrəl]

(a) 부도덕한, 음란한

It is immoral to steal.
절도는 부도덕한 것이다.

051
inclination
[ˌɪnklɪˈneɪʃn]

(n) 의향, 성향, 경향, 경사, 약간 숙이기

She showed her inclination to resolve the conflict.
그녀는 갈등을 해결하려는 의향을 보여줬다.

052
junior
[ˈdʒuːniə(r)]

(a) 하급의, 부하의, 주니어의, 2학년의
(n) 하급자, 부하, 주니어 선수, 초등학생, (고등학교, 칼리지의) 2학년 학생, (4년제 대학의) 3학년 학생

She spent her junior year in England.
그녀는 영국에서 2학년을 보냈다.

053
liking
[ˈlaɪkɪŋ]

(n) 좋아함, 애호, 취향

She had a liking for small dolls.
그녀는 작은 인형들을 좋아했다.

054
murder
[ˈmɜːrdə(r)]

ⓝ 살인, 살해, 죽을 지경인 것　ⓥ 살해하다, 망치다, 묵사발을 만들다

She denied murdering her husband.
그녀는 남편을 살해한 것을 부인했다.

055
mature
[məˈtʃʊr]

ⓐ 어른스러운, 분별있는, 다 자란, 숙성된, 원숙한, 만기가 된
ⓥ 다 자라다, 성숙해지다, 원숙해지다, 숙성하다, 만기가 되다

She matured into an intelligent woman.
그녀는 지적인 여성으로 자랐다.

056
malicious
[məˈlɪʃəs]

ⓐ 악의적인

I hate malicious lies.
나는 악의적인 거짓말들이 싫어.

057
numerous
[ˈnuːmərəs]

ⓐ 많은

She has conducted numerous scientific experiments.
그녀는 많은 과학 실험을 수행해왔다.

058
oblige
[əˈblaɪdʒ]

ⓥ 의무적으로 ~하게 하다, 돕다, 베풀다

I am willing to oblige whenever you need.
나는 당신이 필요할 때마다 기꺼이 도울 거예요.

059
observe
[əbˈzɜːrv]

ⓥ 관찰하다, 말하다, 보고 알다, 준수하다, 축하하다, 지키다

The phenomenon has closely been observed.
그 현상은 면밀히 관찰되어 왔다.

060
outstanding
[aʊtˈstændɪŋ]

ⓐ 뛰어난, 두드러진, 중요한, 미해결된

He is an outstanding player.
그는 뛰어난 선수다.

061
orphan
[ˈɔːrfn]

ⓝ 고아　ⓥ 고아로 만들다

She lived with her aunt as she was an orphan.
그녀는 고아여서 숙모와 살았다.

062 offensive [əˈfensɪv]

ⓐ 모욕적인, 불쾌한, 역겨운, 공격적인 ⓝ 공격, 공세

I did not like his offensive remarks.
나는 그의 불쾌한 발언이 싫었다.

063 pardon [ˈpɑːrdn]

ⓝ 사면, 용서 ⓥ 사면하다, 용서하다

He asked for a pardon for his crime.
그는 범죄에 대한 사면을 요구했다.

064 peer [pɪr]

ⓝ 또래, 귀족 ⓥ 유심히 보다

He was respected by his peers.
그는 또래들에게 존중 받았다.

065 persistent [pərˈsɪstənt]

ⓐ 끈질긴, 지속되는

There has been persistent rain.
비가 끊임없이 왔다.

066 persuade [pərˈsweɪd]

ⓥ 설득하다/시키다

I persuaded him to come.
나는 그에게 오라고 설득했다.

067 portrait [ˈpɔːrtrət]

ⓝ 초상화, 인물사진, 묘사 ⓐ 세로 방향의

I hung his portrait on the wall.
나는 벽에 그의 초상화를 걸었다.

068 prosper [ˈprɑːspə(r)]

ⓥ 번영하다

His company has continued to prosper.
그의 회사는 번영해왔다.

069 prestigious [preˈstɪdʒəs]

ⓐ 명망 있는, 일류의

He was from a prestigious family.
그는 명망 있는 집안 출신이다.

Chapter 05. 인물일대기(과거 역사 속 인물) _ 195

070
prompt
[prɑ : mpt]

ⓐ 즉각적인, 신속한, 시간을 엄수하는
ⓥ 촉발하다, 유도하다, 대사를 상기시켜 주다
ⓝ 대사를 상기시켜 주는 말
adv 정확히, 정각에

You should be prompt when you have a meeting.
회의를 할 때 시간을 엄수하세요.

071
provoke
[prəǀvoʊk]

ⓥ 유발하다, 도발하다

His remark provoked outrage.
그의 발언은 분노를 유발했다.

072
provide
[prəˈvaɪd]

ⓥ 제공하다, 주다, 규정하다

The story provides students with the self-confidence.
그 이야기는 학생들에게 자신감을 준다.

073
portray
[pɔ : rǀtreɪ]

ⓥ 그리다, 나타내다, 연기하다

She portrayed herself as the troublemaker.
그녀는 자신을 문제아라고 했다.

074
prominent
[ǀprɑ : mɪnənt]

ⓐ 중요한, 유명한, 눈에 띄는, 돌출된

The tower is a prominent building.
저 타워는 유명한 건물이다.

075
quarrel
[ǀkwɔ : rəl]

ⓝ 다툼, 불만   ⓥ 다투다, 언쟁을 벌이다

They had a quarrel about money.
그들은 돈에 대해 언쟁을 벌였다.

076
regional
[ˈri : dʒənl]

ⓐ 지방의

She uses a regional dialect.
그녀는 지역방언을 쓴다.

077
representation
[ˌreprɪzenˈteɪʃn]

ⓝ 표현, 나타낸 것, 대표자를 내세움, 대의권, 항의

The movie showed a realistic **representation** of rural life.
그 영화는 시골의 삶의 현실적 표현을 보여줬다.

078
recognize
[ˈrekəgnaɪz]

ⓥ 알아보다, 인정하다/받다, 공인하다/받다

I **recognized** her when I entered the room.
나는 방에 들어갔을 때 그녀를 알아봤다.

079
renovate
[ˈrenəveɪt]

ⓥ 개조하다

The house was completely **renovated**.
그 집은 완전히 개조되었다.

080
resign
[rɪˈzaɪn]

ⓥ 사임하다

She had to **resign** because of ill health.
그녀는 건강악화로 사임해야 했다.

081
review
[rɪˈvjuː]

ⓝ 검토, 비평, 보고서, 복습 ⓥ 검토하다, 비평하다, 복습하다

Please **review** your application thoroughly before you submit it.
제출 전 지원서를 철저히 검토하세요.

082
stack
[stæk]

ⓝ 무더기, 많음, 굴뚝, 서고, 스택
ⓥ 쌓다/쌓이다, 채우다, 선회하다/선회하게 하다

The books were **stacked** against the wall.
벽쪽에 책들이 쌓여있었다.

083
superior
[suːˈpɪriə(r)]

ⓐ ~보다 더 우월한, 상관의, 상급의, 거만한
ⓝ 윗사람, (종교, 공동체의) ~장

The new item was **superior** to the old one.
새로운 상품은 옛날 것보다 더 우월했다.

084

suffer
['sʌfə(r)]

ⓥ 고통받다, 시달리다, 겪다, 더 나빠지다, 악화되다

He was **suffering** from asthma.
그는 천식으로 고통받고 있었다.

085

shortage
[ˈʃɔːrtɪdʒ]

ⓝ 부족

We now face a **shortage** of clean water.
우리는 지금 깨끗한 물이 부족한 사태에 직면해 있다.

086

sibling
[ˈsɪblɪŋ]

ⓝ 형제자매

Do you have any **siblings**?
형제자매가 있니?

087

subsequent
[ˈsʌbsɪkwənt]

ⓐ 그 다음의, 차후의

Subsequent experiments showed that the results were very disappointing.
그 후의 실험들은 결과가 실망적이라는 것을 보여줬다.

088

scholarship
[ˈskɑːlərʃɪp]

ⓝ 장학금, 학문

She was awarded a **scholarship**.
그녀는 장학금을 받았다.

089

steal
[stiːl]

ⓥ 훔치다, 살며시 움직이다, 도루하다   ⓝ 도루

The thief **stole** my bag.
그 도둑이 내 가방을 훔쳤다.

090

similarity
[ˌsɪməˈlærəti]

ⓝ 유사성, 닮음

Two theories share certain **similarities**.
두 개의 이론이 확실한 유사성을 공유한다.

091 settle
['setl]

ⓥ 해결하다, 합의를 보다, 정리하다, 정착하다, 앉다/앉히다, 놓다, 진정되다/시키다, 가라앉다/앉히다, 지불하다, 정산하다
ⓝ 긴 나무 의자

The matter was not settled.
그 문제는 해결되지 않았다.

092 scary
['skeri]

ⓐ 무서운, 겁나는

It was a scary moment for me.
그건 나에게 무서운 순간이었다.

093 truthful
['tru : θfl]

ⓐ 정직한, 진실한

She was truthful in her answer.
그녀는 진실한 대답을 했다.

094 theme
[θi : m]

ⓝ 주제, 테마   ⓐ ~풍의

The same themes run through her books.
그녀의 책에는 같은 테마가 가득했다.

095 telegraph
[ˈtelɪɡræf]

ⓝ 전신   ⓥ 전보를 보내다, 의향을 드러내다

They send him a message by telegraph.
그들은 그에게 전보로 메시지를 보냈다.

096 theft
[θeft]

ⓝ 절도

She admitted the theft of the car.
그녀는 차를 훔친 것을 인정했다.

097 viewpoint
['vju : pɔɪnt]

ⓝ 관점, 방향

Strictly speaking, his viewpoint differs somewhat from mine.
엄격히 말해 그의 관점과 나의 관점은 약간 다르다.

098
violent
['vaɪələnt]

ⓐ 폭력적인, 격렬한, 극심한, 강렬한

The movie was too violent.
그 영화는 너무 폭력적이었다.

099
vivid
['vɪvɪd]

ⓐ 생생한, 선명한

Ann gave me a vivid description of her life as a teacher.
앤은 선생님으로서 보낸 자기 삶에 대해 생생한 묘사를 해 주었다.

100
vocation
[voʊˈkeɪʃn]

ⓝ 천직, 소명, 사명감

Jane has a vocation for singing.
제인은 노래를 부르는 일에 소명 의식을 갖고 있다.

Chapter 06 / 잡지기사(사회적, 기술적 묘사)

001 astronomer [ə|strɑ : nəmə(r)]
ⓝ 천문학자
The child wanted to be an astronomer.
그 아이는 천문학자가 되길 원했다.

002 analyze [ǽnəlàiz]
ⓥ 분석하다, 분해하다, 해석하다, 검토하다
We are going to analyze data.
우리는 자료를 분석할 예정이다.

003 attempt [ə'tempt]
ⓝ 시도, 살해기도   ⓥ 시도하다
I attempted to reach the summit.
나는 정상에 도달하려고 시도했다.

004 assert [ə'sɜ : rt]
ⓥ 주장하다, 확고히 하다, 발휘되기 시작하다
He asserted that he was innocent.
그는 무고하다고 주장했다.

005 appetite [ˈæpɪtaɪt]
ⓝ 식욕, 욕구
Some drugs can suppress the appetite.
몇몇의 약들은 식욕을 저하한다.

006 abstract [æb'strækt]
ⓐ 추상적인   ⓝ 추상화, 개요
ⓥ 추출하다, 끌어내다, 요약하다, 초록을 작성하다
She likes to draw abstract paintings.
그녀는 추상적인 그림을 그리는 것을 좋아한다.

007 attire [əˈtaɪə(r)]
ⓝ 의복, 복장
She dressed in formal attire.
그녀는 격식 있는 의복을 갖춰 입었다.

008
apparent
[ə'pærənt]

ⓐ 분명한, 누가 봐도 알 수 있는, ~인 것처럼 보이는

It was apparent that the company was successful.
그 회사가 성공했다는 것은 분명했다.

009
athletic
[æθ'letɪk]

ⓐ 탄탄한, 육상의

He has an athletic figure.
그는 탄탄한 몸을 가지고 있다.

010
ancestor
['ænsestə(r)]

ⓝ 조상, 선조, (기계의) 원형

These three species share the same ancestor.
이 세 종은 같은 조상을 공유한다.

011
attain
[ə'teɪn]

ⓥ 이루다, 달하다

I need to study hard to attain my goal.
나는 목표를 이루기 위해 열심히 공부할 필요가 있다.

012
artificial
[lɑːrtɪ|fɪʃl]

ⓐ 인조의, 인공의, 인위적인, 거짓된

These artificial flowers looks natural.
이 조화들은 자연스러워 보인다.

013
arise
[ə'raɪz]

ⓥ 생기다, 발생하다, 유발되다, 발달하기 시작하다, 일어나다, 시야에 들어오다

Emotional problems can arise even from ordinary life.
감정적 문제들은 평범한 삶에서도 일어날 수 있다.

014
alter
['ɔːltə(r)]

ⓥ 변하다, 달라지다, 바꾸다, 고치다

He has not altered at all.
그는 전혀 변하지 않았다.

015
breathe [briːð]

ⓥ 호흡하다, 숨쉬다, (입에서) 냄새를 풍기다, 나직이 말하다, (어떤 느낌이) 가득하다

He breathed fast while hiking.
그는 하이킹하는 동안 숨을 빨리 쉬었다.

016
biological [ˌbaɪəˈlɑːdʒɪkl]

ⓐ 생물학의, 생물체의, 효소를 함유한

Hormones can control biological processes.
호르몬은 생물학적 과정을 통제할 수 있다.

017
behavior [bɪˈheɪvjər]

ⓝ 행동, 태도, 품행, (기계의) 가동

His behavior was annoying.
그의 행동은 짜증났다.

018
broad [brɔːd]

ⓐ 넓은, 넓이가 ~인, 일반적인, 광대한, 악센트가 강한, 암시가 분명한, 외설적인

I could see a broad range of items.
나는 폭넓은 종류의 상품들을 볼 수 있었다.

019
burdensome [ˈbɜːrdnsəm]

ⓐ 부담스러운, 힘든

The task was too burdensome for her.
그 업무는 그녀에게 너무 부담이었다.

020
constellation [ˌkɑːnstəˈleɪʃn]

ⓝ 별자리, 성좌, 무리

A constellation means a group of stars that forms a particular shape in the sky.
별자리는 하늘에서 특별한 형태를 이루는 별들의 그룹을 의미한다.

021
cough [kɔːf]

ⓥ 기침하다, (기침하며) 토하다, (엔진이) 털털거리다 ⓝ 기침

She kept coughing.
그녀는 계속 기침을 했다.

Chapter 06. 잡지기사(사회적, 기술적 묘사)

022
concrete
[ˈkɑːŋkriːt]

ⓐ 콘크리트로 된, 사실에 의거한, 구체적인   ⓝ 콘크리트
ⓥ 콘크리트를 바르다

The house has a concrete floor.
그 집은 콘크리트로 된 바닥으로 되어 있다.

023
cognitive
[ˈkɑːgnətɪv]

ⓐ 인지의

We have been studying a child's cognitive development.
우리는 아이의 인지발달을 연구해 왔다.

024
casual
[ˈkæʒuəl]

ⓐ 태평스런, 무심한, 대충하는, 격식 없는, 평상시의, 임시의, 우연한
ⓝ 평상복, 임시직

She likes to wear casual clothes.
그녀는 격식 없는 옷을 입는 것을 좋아한다.

025
conscious
[ˈkɑːnʃəs]

ⓐ 의식하는, 자각하는

The patient is now fully conscious.
그 환자가 이제 완전히 의식을 찾았다.

026
conceal
[kənˈsiːl]

ⓥ 감추다, 숨기다

Jane tried to conceal her feeling.
제인은 그녀의 감정을 숨기려고 노력했다.

027
creature
[ˈkriːtʃə(r)]

ⓝ 생물, 사람

Most living creatures need water to survive.
대부분의 생물은 생존하기 위해 물을 필요로 한다.

028
conclude
[kənˈkluːd]

ⓥ 결론을 내리다, 끝내다, (협정, 조약을) 맺다

We concluded that he was the criminal.
우리는 그가 범인이라고 결론 내렸다.

029
cope [koʊp]

ⓥ 대처하다　ⓝ (성직자의) 긴 사제복

She has **coped** with the situation well.
그녀는 그 상황에 잘 대처해 왔다.

030
considerable [kənˈsɪdərəbl]

ⓐ 상당한, 많은

We spent a **considerable** amount of time on the project.
우리는 그 프로젝트에 상당한 시간을 썼다.

031
disturbing [dɪˈstɜːrbɪŋ]

ⓐ 충격적인, 불안감을 주는

That was an extremely **disturbing** experience.
그것은 극도로 충격적인 경험이었다.

032
downplay [ˌdaʊnˈpleɪ]

ⓥ 경시하다

The teacher **downplayed** the issue.
그 선생님은 그 문제를 경시했다.

033
discontinue [ˌdɪskənˈtɪnjuː]

ⓥ 중단하다

I **discontinued** the treatment.
나는 그 치료를 중단했다.

034
dwell [dwel]

ⓥ 살다

They **dwelled** among the nomads.
그들은 유목민 사이에 살았다.

035
digest [daɪˈdʒest]

ⓥ 소화하다, 소화되다　ⓝ 요약

Vegetables are **digested** easily.
야채는 쉽게 소화된다.

036
disorder [dɪsˈɔːrdə(r)]

ⓝ 엉망, 어수선함, 난동, 장애

He suffers from a rare blood **disorder**.
그는 희귀한 혈액장애로 고통받는다.

037
existence
[ɪɡˈzɪstəns]

ⓝ 존재, 현존, 생활

I don't believe in the existence of God.
나는 신의 존재를 믿지 않는다.

038
experiment
[ɪkˈspɛrɪmənt]

ⓝ 실험 ⓥ 실험하다

Further experiments will be carried out.
추가적 실험들이 수행될 것이다.

039
evidence
[ˈɛvɪdəns]

ⓝ 증거 ⓥ 증언하다, 증거가 되다

I found the evidence to prove the claim.
나는 그 주장을 증명할 수 있는 증거를 발견했다.

040
external
[eksˈtəːnl]

ⓐ 외부의, 외면의, 외용의, 외국의, 무관한, 우연한, 부수적인
ⓝ 외부, 외관

This cream is for external use only.
이 크림은 외용으로만 쓰인다.

041
elementary
[ˌɛlɪˈmɛntri]

ⓐ 초보의, 기본적인

I am taking an elementary course.
나는 초보코스를 듣고 있는 중이다.

042
ethical
[ˈɛθɪkl]

ⓐ 윤리적인, 도덕적인

Our company pursues ethical management.
우리 회사는 윤리 경영을 추구한다.

043
fatigue
[fəˈtiːɡ]

ⓝ 피로

Taking a rest is the best remedy for fatigue.
쉬는 것이 피로를 푸는 가장 좋은 해결책이다.

044
fossil
[ˈfɑːsl]

ⓝ 화석

The fossil of the dinosaur was found in England.
그 공룡의 화석이 영국에서 발견됐다.

045
general [ˈdʒenrəl]

ⓐ 일반적인, 보통의, 대체적인, 종합적인, 전신의, 총 ⓝ 장군

We tend to follow the general rule.
우리는 일반적인 규칙을 따르는 경향이 있다.

046
holistic [hoʊˈlɪstɪk]

ⓐ 전체론의

This program needs to have a more holistic approach.
이 프로그램은 더 전체론의 접근을 필요로 한다.

047
hatch [hætʃ]

ⓥ 부화하다/되다, 만들어내다 ⓝ 출입구, 창구

The eggs hatched.
그 알들이 부화됐다.

048
infectious [ɪnˈfekʃəs]

ⓐ 전염되는, 병을 옮길 수 있는

The disease is very infectious.
그 병은 매우 전염성이 강하다.

049
illness [ˈɪlnəs]

ⓝ 병, 아픔

She died of a sudden illness.
그녀는 갑작스런 병으로 죽었다.

050
impact [ɪmˈpækt]

ⓝ 영향, 충격, 충돌 ⓥ 영향을 주다, 충돌하다

You made a big impact on him.
너는 그에게 큰 영향을 주었다.

051
involve [ɪnˈvɑːlv]

ⓥ 수반하다, 관련시키다, 참여시키다, 연루되었음을 밝히다

Some jobs still involve manual labor.
몇몇의 직업은 여전히 손으로 하는 노동을 수반한다.

052
inspection [ɪnˈspekʃn]

ⓝ 점검, 검사

The building passed its annual inspection.
그 건물은 연례 검사를 통과했다.

053
intact
[ɪnˈtækt]

ⓐ 온전한

The house remains intact.
그 집은 온전하게 남아있다.

054
implant
[ímplænt]

ⓥ 심다, 착상하다 ⓝ 주입하는 물질

This implant is placed inside your ear.
이 이식은 귀 안쪽에 들어갈 것이다.

055
insert
[ɪnˈsɜːrt]

ⓥ 삽입하다 ⓝ 삽입광고, 부속품

Insert your card here.
여기에 카드를 넣어라.

056
joint
[dʒɔɪnt]

ⓐ 공동의, 합동의 ⓝ 관절, 연결부위, 구운 고기
ⓥ 큰 덩어리로 자르다

She has inflammation of the knee joint.
그녀는 무릎 관절염이 있다.

057
locate
[ˈloʊkeɪt]

ⓥ 위치를 찾아내다, 두다, 사업을 시작하다

We could not locate a suitable place.
우리는 적합한 위치를 찾지 못했다.

058
laboratory
[ˈlæbrətɔːri]

ⓝ 실험실

He has his own research laboratory.
그는 그만의 연구 실험실을 가지고 있다.

059
limitation
[lɪmɪˈteɪʃn]

ⓝ 제한, 제약, 한계

The technique has its limitations.
이 기술은 한계가 있다.

060
merge
[mɜːrdʒ]

ⓥ 합병하다, 합치다, 어우러지다

The two companies will merge together next month.
두 회사는 다음 달에 합병할 것이다.

061
noticeable
[ˈnoʊtɪsəbl]

ⓐ 뚜렷한

We could see a noticeable improvement.
우리는 뚜렷한 향상을 볼 수 있었다.

062
nasal
[ˈneɪzl]

ⓐ 코의, 콧소리의, 비음의

I have a spray to relieve nasal congestion.
나는 코막힘을 덜어주는 스프레이를 가지고 있다.

063
orbit
[ˈɔːrbɪt]

ⓝ 궤도, 영향권   ⓥ 궤도를 돌다

The earth takes one year to orbit the sun.
지구가 태양의 궤도를 도는 데 1년이 걸린다.

064
overemphasize
[ˌoʊvərémfəsaiz]

ⓥ 지나치게 강조하다

We cannot overemphasize the safety.
우리는 안전을 아무리 강조해도 지나치지 않다.

065
offspring
[ˈɔːfsprɪŋ]

ⓝ 자식, 새끼

Parents pass DNA to their offspring.
부모들은 그들의 자식에게 DNA를 전달한다.

066
orientation
[ˌɔːriənˈteɪʃn]

ⓝ 방향, 지향, 성향, 예비 교육, 오리엔테이션

Everyone should be present in the orientation.
모두가 오리엔테이션에 참석해야 한다.

067
overcome
[ˌoʊvərˈkʌm]

ⓥ 극복하다, 이기다, 꼼짝 못하게 되다, 압도당하다

He overcame his disability.
그는 그의 장애를 극복했다.

068
planet
[ˈplænɪt]

ⓝ 행성, 세상

There will be other creatures on an alien planet.
외계 행성에는 다른 생명체가 있을 것이다.

069 participant [pɑːrˈtɪsɪpənt]

ⓝ 참가자

He was not an active participant.
그는 활발한 참가자가 아니었다.

070 perceive [pərˈsiːv]

ⓥ 감지하다, ~을 ~로 여기다

I perceived something strange.
나는 무언가 이상한 것을 감지했다.

071 prove [pruːv]

ⓥ 입증하다, 판명되다, 입증해 보이다, 보여주다, 부풀다

The theory couldn't be proved scientifically.
그 이론은 과학적으로 입증되지 못했다.

072 prehistoric [ˌpriːhɪˈstɔːrɪk]

ⓐ 선사시대의

Stonehenge is the prehistoric monument.
스톤헨지는 선사시대의 기념물이다.

073 pregnant [ˈpreɡnənt]

ⓐ 임신한, 그득한

She was pregnant with twins.
그녀는 쌍둥이를 임신했다.

074 prey [preɪ]

ⓝ 먹이, 희생자

Predators can compete for prey.
육식동물들도 먹이를 얻기 위해 경쟁할 수 있다.

075 proof [pruːf]

ⓝ 증거, 증명, 입증, 교정쇄 ⓐ 견딜 수 있는
ⓥ 방수/방염 처리를 하다, 교정쇄를 만들다

I found the conclusive proof.
나는 결정적 증거를 찾았다.

076 predator [ˈpredətə(r)]

ⓝ 포식자, 포식동물, 약탈자

We have studied the relationship between predator and prey.
우리는 포식자와 먹이 사이의 관계를 연구해 왔다.

077
resemble
[rɪˈzembl]

ⓥ 닮다, 비슷하다

She resembles her mother.
그녀는 엄마를 닮았다.

078
respiratory
[ˈrespərətɔːri]

ⓐ 호흡의, 호흡 기관의

The virus invades the body through the respiratory tract.
그 바이러스는 호흡기를 통해 신체에 침입한다.

079
reptile
[ˈreptaɪl]

ⓝ 파충류

The pterodactyl is an extinct reptile.
익룡은 멸종한 파충류이다.

080
specimen
[ˈspesɪmən]

ⓝ 견본, 샘플, 표본

The specimen was found in 1900.
이 표본은 1900년에 발견되었다.

081
risky
[ˈrɪski]

ⓐ 위험한

The plan sounds too risky.
이 계획은 너무 위험하게 들린다.

082
retrieve
[rɪˈtriːv]

ⓥ 되찾아오다, (정보를) 검색하다, 수습하다

She retrieved the situation by apologizing.
그녀는 사과로 상황을 수습했다.

083
receptive
[rɪˈseptɪv]

ⓐ 수용적인

He is receptive to my suggestions.
그는 내 제안들에 대해 수용적이다.

084
remarkable
[rɪˈmɑːrkəbl]

ⓐ 놀랄 만한, 주목할 만한

That was a remarkable achievement.
그것은 놀랄 만한 성취였다.

085
retain [rɪ'teɪn]

ⓥ 유지하다, 함유하다

Soil retains moisture.
토양은 수분을 함유한다.

086
spot [spɑːt]

ⓝ 점, 얼룩, 피부 발진, 장소, 약간, 부분, 위치
ⓥ 발견하다, 찾다, 알아채다, 핸디캡을 인정하다
ⓐ 현물 지불제의

I found a great spot for a picnic.
나는 소풍 가기에 좋은 장소를 발견했어.

087
speculate ['spekjuleɪt]

ⓥ 추측하다, 투기하다

We tried to speculate the cause.
우리는 그 원인을 추측하려고 노력했다.

088
serve [sɜːrv]

ⓥ (음식을) 차려주다, (음식 양이) 돌아가다, 시중 들다, 도움이 되다, 제공하다, (특정 용도로) 쓰일 수 있다, 효과를 낳다, 일하다, 복무/복역하다, 송달하다, 서브를 넣다
ⓝ 서브

Dinner was served.
저녁은 제공되었다.

089
symptom ['sɪmptəm]

ⓝ 증상, 징후

I have flu symptoms.
나는 독감 증상이 있다.

090
severe [sɪ|vɪr]

ⓐ 극심한, 가혹한, 엄한, 어려운, 수수한

The illness became severe.
그 병은 더 심해졌다.

091
sneeze [sniːz]

ⓥ 재채기 하다 ⓝ 재채기

The smoke made me sneeze.
그 연기는 내가 재채기 하게 만들었다.

092
swallow
['swɑːloʊ]

ⓥ 삼키다, 완전히 가리다, 다 써버리다, 받아들이다, 감정을 억누르다, 참다
ⓝ 삼키기, 한 입, 한 모금, 삼키기

Make sure you chew food before swallowing it.
음식을 삼키기 전에 씹도록 해요.

093
stomach
['stʌmək]

ⓝ 위, 복부, 배, 속   ⓥ 즐기다, 참다, 견디다, 먹을 수 있다

I have a stomach upset.
나는 배탈이 났다.

094
significant
[sɪg'nɪfɪkənt]

ⓐ 중요한, 의미심장한

We found out the significant problem.
우리는 중요한 문제를 발견했다.

095
simulate
['sɪmjuleɪt]

ⓥ 가장하다, 모의실험하다, ~처럼 보이게 만들어지다

The game was designed to simulate an actual race.
그 게임은 실제 경주처럼 보이게 하려고 고안되었다.

096
surpass
[sər'pæs]

ⓥ 능가하다

He finally surpassed the world record.
그는 마침내 세계기록을 뛰어넘었다.

097
telescope
[ˈtelɪskoʊp]

ⓝ 망원경   ⓥ 짧아지다, 단축하다

I like looking at the stars through a telescope.
나는 망원경으로 별들을 보는 것을 좋아한다.

098
threat
[θret]

ⓝ 협박, 위협, 위협적 존재

Despite his threat, she tried to be patient.
그의 협박에도 불구하고 그녀는 침착하려고 노력했다.

099

viable
['vaɪəbl]

ⓐ 실행 가능한, 성공할 수 있는, 독자 생존 가능한

We have several **viable** alternatives.
우리는 몇 가지 실행 가능한 대안책들이 있다.

100

wired
['waɪərd]

ⓐ 컴퓨터 시스템에 연결된, 철사로 보강한

We have **wired** domitories.
우리는 컴퓨터가 연결된 기숙사를 가지고 있다.

Chapter 07 / 지식백과(일반적 내용의 백과사전)

001 abundant [əˈbʌndənt]

ⓐ 풍부한

Oranges are abundant in this region.
오렌지들이 이 지역에 풍부하다.

002 acid [ˈæsɪd]

ⓝ 산   ⓐ 산성의, 신, 신랄한

I like acid fruits.
나는 신 과일을 좋아해.

003 adequate [ˈædɪkwət]

ⓐ 충분한, 적절한

We have an adequate educational system.
우리는 적절한 교육 시스템을 가지고 있다.

004 airborne [ˈerbɔːrn]

ⓐ 비행 중인, 하늘에 떠 있는, 공기로 운반되는, 공수 훈련을 받은

Until the plane is airborne you should not leave your seat.
비행기가 이륙할 때까지 자리를 떠나지 않아야 한다.

005 automated [ˈɔːtəmèitid]

ⓐ 자동화된, 자동의

The factory is automated.
그 공장은 자동화되어 있다.

006 attach [əˈtætʃ]

ⓥ 붙이다, 첨부하다, 중요성/의미/가치/무게 등을 두다, 들러붙다, 연관되다, 연관짓다, 부여하다

I attached the coupon to the letter.
나는 편지에 쿠폰을 붙였다.

007 alive [əˈlaɪv]

ⓐ 살아 있는, 넘치는, 존속하는, 가득한, 의식하는

10 people were found alive in the wreckage.
10명의 사람들이 잔해 속에서 살아 있는 채 발견되었다.

008
ban [bæn]

ⓥ 금하다 ⓝ 금지

She was **banned** from the meeting.
그녀는 회의 참석을 금지당했다.

009
blend [blend]

ⓥ 섞다, 혼합하다, 섞이다, 조합하다, 혼합하여 만들다 ⓝ 혼합, 조합

Oil does not **blend** with water.
기름은 물과 섞이지 않는다.

010
constitute [ˈkɑːnstətuːt]

ⓥ ~구성하다, ~되다, ~이 되는 것으로 여겨지다, 설립하다

Ten events **constitute** the program.
열 가지의 행사가 프로그램을 이룬다.

011
continuous [kənˈtɪnjuəs]

ⓐ 계속되는, 지속적인, 반복된, 진행형의

The rain has been **continuous** for 3 days.
비가 3일간 계속 내렸다.

012
colony [ˈkɑːləni]

ⓝ 식민지, 집단, 작은 마을, 군집

Settlers established a new **colony**.
정착민들은 새로운 식민지를 건설했다.

013
construction [kənˈstrʌkʃn]

ⓝ 건설, 공사, 건축 양식, 건축물, 구조, 구성, 해석

A new building is under **construction**.
새로운 건물이 공사 중이다.

014
carpenter [ˈkɑːrpəntə(r)]

ⓝ 목수

A **carpenter**'s job is to make wooden objects.
목수의 일은 나무로 된 물건을 만드는 것이다.

015
cure [kjʊr]

ⓥ 낫게 하다, 치유하다, 고치다, 보존 처리를 하다
ⓝ 치유약, 치유법, 치유, 치유책

There are many scientists who are trying to find a **cure** for cancer.
암 치료법을 찾아내기 위해 애쓰는 많은 과학자들이 있다.

016

chew
[tʃuː]

ⓥ 씹다, 물어뜯다　ⓝ 씹기, 씹어먹는 사탕

The child chewed at his lip.
그 아이는 입술을 물어뜯었다.

017

consume
[kən|suːm]

ⓥ 소모하다, 먹다, 마시다, 사로잡다, 휩싸다

He has consumed alcohol almost everyday.
그는 거의 매일 술을 마셔왔다.

018

combat
[|kaːmbæt]

ⓝ 전투, 싸움　ⓥ 방지하다, 싸우다

Many people were killed in combat.
많은 사람들이 전투에서 죽음을 당했다.

019

competent
[|kaːmpɪtənt]

ⓐ 능숙한, 만족할 만한, 권한이 있는

He is competent enough to do the project.
그는 그 프로젝트를 할 만큼 충분히 능숙하다.

020

conflict
[|kaːnflɪkt]

ⓝ 갈등, 충돌　ⓥ 상충하다

My opinions conflicted with his.
내 의견들이 그의 의견들과 충돌했다.

021

carving
['kaːrvɪŋ]

ⓝ 조각품, 조각술, 새긴 무늬

He is interested in carving.
그는 조각술에 관심이 있다.

022

descendant
[dɪ'sendənt]

ⓝ 자손, 후손, 후예, 유래한 것

He was a descendant of a royal family.
그는 왕가의 후손이었다.

023

deplete
[dɪ'pliːt]

ⓥ 대폭 감소시키다

The resources were severely depleted.
자원들이 심하게 감소되었다.

024 derive [diráiv]

ⓥ 끌어내다, 얻다, ~에서 비롯되다, 유도하다, 유래하다, 파생하다

These words derive from Greek.
이 단어들은 그리스어에서 유래했다.

025 denote [dɪˈnoʊt]

ⓥ 조짐을 보여주다, 의미하다, 나타내다

The signal denoted a crisis.
그 신호는 위기의 조짐을 보여줬다.

026 doubtful [ˈdaʊtfl]

ⓐ 의심스런, 불확실한

He was doubtful about the news.
그는 그 소식에 대해 의심스러웠다.

027 digestive [daɪ|dʒestɪv]

ⓐ 소화의

I have a digestive problem.
나는 소화 문제가 있다.

028 emphasize [ˈemfəsaɪz]

ⓥ 강조하다, 두드러지게 하다, 힘주어 말하다, 역설하다

The teacher emphasized the importance of cooperation.
그 선생님은 협동의 중요성을 강조하셨다.

029 endemic [enˈdemɪk]

ⓐ 고유의, 고질적인, 풍토적인

Malaria was endemic in this area.
말라리아가 이 지역에서 고질적이었다.

030 exclusive [ɪkˈsklu:sɪv]

ⓐ 독점적인, 배타적인, 특권층의, 고급의, ~를 제외하고

I want to join the exclusive club.
나는 특권층을 위한 클럽에 들어가고 싶다.

031 encircle [ɪnˈsɜ:rkl]

ⓥ 둘러싸다

The demonstrators encircled the building.
시위자들이 그 건물을 둘러싸고 있었다.

032
excrete [ɪk'skriːt]

ⓥ 배설하다

The snails excrete the slime.
달팽이는 점액질을 배출한다.

033
entire [ɪn'taɪə(r)]

ⓐ 전체의, 온

The entire house was collapsed.
집 전체가 붕괴되었다.

034
establishment [ɪ'stæblɪʃmənt]

ⓝ 기관, 시설, 기득권층, 지배층, 설립, 수립, 확립

We are planning the establishment of a new college.
우리는 새로운 대학의 설립을 계획하고 있다.

035
endangered [ɪn'deɪndʒərd]

ⓐ 멸종 위기에 처한

We should protect endangered animals.
우리는 멸종 위기 동물들을 보호해야 한다.

036
flexible ['fleksəbl]

ⓐ 유연한, 융통성 있는

We need more flexible approach.
우리는 좀 더 융통성 있는 접근법이 필요하다.

037
fertile ['fɜːrtl]

ⓐ 비옥한, 기름진, 생식력 있는, 가임의, 결실을 낳는, 활동하기 좋은, 풍부한

The fertile land was under cultivation.
그 비옥한 땅은 경작 중이었다.

038
flock [flɑːk]

ⓝ 떼, 무리, 신도들, 충전재 덩어리들, 솜털 무늬
ⓥ 모이다, 떼지어 가다/오다

Birds of a feather flock together.
같은 깃털을 가진 새들이 함께 모인다.

Chapter 07. 지식백과(일반적 내용의 백과사전) _ 219

039

flavor
[fléivər]

ⓝ 맛, 향미, 풍미, 양념, 조미료, 멋, 운치, 특징, 변종
ⓥ 맛이 나다, 맛을 내다, 풍미를 더하다

I like a vanilla flavor.
나는 바닐라 맛을 좋아해.

040

heritage
['herɪtɪdʒ]

ⓝ (국가, 사회의) 유산

Our country has a proud heritage.
우리나라는 자랑스런 유산을 가진다.

041

helpless
['helpləs]

ⓐ 무력한, 속수무책인, 감당하지 못하는

He felt helpless and lonely.
그는 무력함과 외로움을 느꼈다.

042

influential
[ˌɪnflu'enʃl]

ⓐ 영향력 있는

She is a highly influential writer.
그녀는 아주 영향력 있는 작가이다.

043

illegal
[ɪ'li:gl]

ⓐ 불법적인 ⓝ 불법체류자

We cannot employ an illegal immigrant.
우리는 불법체류자를 고용할 수 없다.

044

inhabited
[ɪn'hæbɪtɪd]

ⓐ 거주하는, 서식하는

The island is inhabited by about five hundred people.
이 섬은 대략 500명이 살고 있다.

045

independence
[ˌɪndɪ'pendəns]

ⓝ 독립, 자립

The country gained its independence.
그 나라는 독립을 했다.

046

impending
[ɪm'pendɪŋ]

ⓐ 임박한

We noticed the impending danger.
우리는 임박한 위험을 알아차렸다.

047
imperfect
[ɪmˈpɜːrfɪkt]

ⓐ 불완전한, 결함이 있는　ⓝ 미완료 시제

The sale products can be slightly imperfect.
세일 상품들은 약간 결함이 있을 수 있습니다.

048
indicator
[ˈɪndɪkeɪtə(r)]

ⓝ 지표, 계기, 방향표시등

Economic indicators show that the economy is gradually recovering.
경제 지표는 경제가 점차 회복되고 있는 중이라는 것을 보여준다.

049
loan
[loʊn]

ⓝ 대출금, 빌려줌, 대여　ⓥ 빌려주다, 대출하다

I have to repay a loan by September.
나는 9월까지 대출금을 갚아야 한다.

050
literal
[ˈlɪtərəl]

ⓐ 문자 그대로의, 직역의, 상상력이 부족한

Literal translations can be awkward.
직역의 번역은 어색해질 수 있다.

051
leak
[liːk]

ⓥ 새게 하다, 새다, 누설하다　ⓝ 새는 곳, 누출, 누설

The plumber fixed the leak.
배관공이 새는 곳을 고쳤다.

052
massive
[ˈmæsɪv]

ⓐ 거대한, 엄청나게 큰

We could see the massive change.
우리는 엄청 큰 변화를 볼 수 있었다.

053
monument
[ˈmɑːnjumənt]

ⓝ 기념물

We found out Roman monument in Britain.
우리는 영국에서 로마의 기념물을 발견했다.

054
migration
[maɪˈgreɪʃn]

ⓝ 이주, 이송

Researchers studied bird migration.
연구원들은 조류 이동을 연구했다.

055
mass [mæs]

- (n) 덩어리, 많음, 무리, 대중, 대부분, 질량
- (a) 대량의, 대규모의, 대중적인
- (v) 많이 모이다/모으다, 운집하다/시키다

Some people do not trust the mass media.
몇몇 사람들은 대중 매체를 믿지 않는다.

056
minute ['mɪnɪt]

- (n) 분, 잠깐, 순간, 분, 회의록, 의사록, 메모
- (v) 회의록을 작성하다

Could you give me a minute?
저에게 잠깐 시간 좀 내주실래요?

057
originate [ə'rɪdʒɪneɪt]

- (v) 비롯되다, 유래하다, 발명하다

The contagion originated in this area.
그 전염병은 이 지역에서 비롯되었다.

058
obtain [əb'teɪn]

- (v) 얻다, 존재하다

We obtained his consent.
우리는 그의 동의를 얻었다.

059
peak [piːk]

- (n) 절정, 정점, 정상, 뾰족한 것, 모자의 챙
- (v) 절정에 달하다
- (a) 절정기의, 한창인

We finally reached the mountain peak.
우리는 마침내 산 정상에 도달했다.

060
perilous ['perələs]

- (a) 아주 위험한

The road seems quite perilous.
그 길은 매우 위험해 보인다.

061
proclaim [prə'kleɪm]

- (v) 선언하다, 분명히 보여주다, ~의 표시이다

He proclaimed his innocence.
그는 그의 무고함을 선언했다.

062
proximity
[prɑːklsɪməti]

ⓝ 가까움

We are looking for a house in the proximity to the subway station.
우리는 지하철역이 가까운 집을 찾고 있다.

063
phase
[feɪz]

ⓝ 단계, 모습 ⓥ 단계적으로 하다

We are expecting the next phase.
우리는 다음 단계를 기대하고 있다.

064
plentiful
['plentɪfl]

ⓐ 풍부한

We have plentiful resources.
우리는 풍부한 자원들을 가지고 있다.

065
prohibit
[prəlhɪbɪt]

ⓥ 금하다, ~하지 못하게 하다.

Smoking is prohibited here.
여기서 흡연은 금지되어 있습니다.

066
propel
[prə'pel]

ⓥ 나아가게 하다, 몰고 가다

He propelled himself through the door.
그는 몸을 밀어 문을 통과했다.

067
renowned
[rɪ'naʊnd]

ⓐ 유명한, 명성 있는

He is a renowned author.
그는 유명한 작가이다.

068
riddle
['rɪdl]

ⓝ 수수께끼, 불가사의 ⓥ 구멍을 숭숭 뚫다, 벌집같이 만들다

He easily solved the riddle.
그는 수수께끼를 쉽게 풀었다.

069
rip
[rɪp]

ⓥ 찢다, 떼어내다 ⓝ 찢어진 곳

She ripped up the letters.
그녀는 편지들을 갈기갈기 찢었다.

070
rush [rʌʃ]

- ⓥ 급히 움직이다, 서두르다, 급히 보내다, 재촉하다, 갑자기 덤벼들다, 난입하다, 돌진하다, 가입을 권유하다
- ⓝ 갑작스런 움직임, 서두르는 상황, 혼잡, 치밀어 오름, 기쁨, 수요 급증, 공격, 가입권유

I'm in a rush.
나는 바빠.

071
revenue [ˈrevənuː]

- ⓝ 수익

This project will generate substantial revenue.
이 프로젝트는 상당한 수익을 가져올 것이다.

072
result [rɪˈzʌlt]

- ⓝ 결과, 결실, 승리, 결과, 성과 ⓥ 발생하다

I am not satisfied with my exam results.
나는 시험결과에 만족하지 않는다.

073
rotten [ˈrɑːtn]

- ⓐ 썩은, 부패한, 형편없는, 끔찍한, 몸이 안 좋은, 꺼림칙한
- adv 대단히, 아주

The fruit went rotten.
그 과일이 썩었다.

074
restrict [rɪˈstrɪkt]

- ⓥ 제한하다, 방해하다

I restrict myself to two cups of coffee per day.
나는 하루에 마시는 커피를 두 잔으로 제한한다.

075
surround [səˈraʊnd]

- ⓥ 둘러싸다, 포위하다 ⓝ 가장자리

Tall trees surround the house.
큰 나무들이 그 집을 둘러싸고 있다.

076
sharp [ʃɑːrp]

- ⓐ 날카로운, 급격한, 예리한, 선명한, 신랄한, 톡 쏘는 듯한, 얼얼한, 영리한, 멋진, 날카롭게 생긴, 올림표가 붙은, 높은
- adv 정각, 급히 회전을 하는, 높게 ⓝ 반음 높은 음, 날카로운 것

I need a sharp knife.
나는 날카로운 칼이 필요해.

077
settlement
['setlmənt]

Ⓝ 합의, 해결, 계승적 재산권 처분, 지불, 정착지, 정착

They came to a settlement.
그들은 합의를 했다.

078
structure
['strʌktʃə(r)]

Ⓝ 구조, 구조물, 체계, 짜임새   Ⓥ 조직하다, 구조화하다

I like this wooden structure.
나는 이 목조 구조물이 좋다.

079
spacious
['speɪʃəs]

ⓐ 널찍한

The room was spacious.
그 방은 널찍했다.

080
spectator
['spekteɪtər]

Ⓝ 관중

The festival attracted more than 100 spectators.
이 축제는 100명 이상의 관중들을 끌어모았다.

081
skeptical
[sképtikəl]

ⓐ 의심많은, 회의적인, 무신론적인, 회의론자 같은

I am skeptical about the plan.
나는 그 계획에 대해 회의적이다.

082
scarce
[skers]

ⓐ 부족한, 드문   adv 겨우, 간신히

Evidence is scarce.
증거가 부족하다.

083
strike
[straɪk]

Ⓥ 치다, 부딪치다, 때리다, 공격하다, 발생하다, 갑자기 떠오르다, 인상을 주다, 파업하다, (성냥을) 긋다, (불꽃이) 튀다, 발견하다, 가다
Ⓝ 파업, 공격, 치기, 스트라이크, 발견, 타격

The ball struck him on the forehead.
그 공이 그의 이마를 쳤다.

Chapter 07. 지식백과(일반적 내용의 백과사전) _ 225

084
stinging [stíŋiŋ]

ⓐ 찌르는, 쏘는, 찌르는 듯이 아픈, 얼얼한, 신랄한

His eyes were stinging.
그의 눈이 따가웠다.

085
surface [ˈsɜːrfɪs]

ⓝ 표면, 지면, 수면, 작업대, 외관
ⓥ 수면으로 올라오다, 나타나다, 잠이 깨다, 일어나다, 포장하다

Doubts started to surface.
의혹들이 수면으로 올라오기 시작했다.

086
species [ˈspiːʃiːz]

ⓝ 종

We found the new species of fish.
우리는 새로운 어종을 발견했다.

087
sword [sɔːrd]

ⓝ 칼, 검

He drew a sword.
그는 칼을 뽑았다.

088
shelter [ˈʃeltə(r)]

ⓝ 주거지, 대피, 대피처, 쉼터, 보호소   ⓥ 보호하다, 막아주다, 피하다

They provided us with the shelter.
그들은 우리에게 쉼터를 제공해줬다.

089
trigger [ˈtrɪgə(r)]

ⓝ 방아쇠, 계기, 폭파장치   ⓥ 촉발시키다, 작동시키다

He pulled the trigger.
그는 방아쇠를 당겼다.

090
translate [trænsǁleɪt]

ⓥ 번역하다/되다, 바꾸다, 바뀌다, 이해하다, 뜻하다, 의미하다

This book can be translated into Korean.
이 책은 한국어로 번역될 수 있다.

091
texture [ˈtekstʃə(r)]

ⓝ 감촉, 식감, 조화

She likes the chewy texture.
그녀는 쫄깃한 식감을 좋아한다.

092
thorough
[ˈθɜːroʊ]

ⓐ 빈틈없는, 철두철미한, 철저한, 완전한

He carried out a thorough inspection.
그는 철저한 검사를 했다.

093
usher
[ˈʌʃə(r)]

ⓝ 안내원, 정리 ⓥ 안내하다

He ushered us into the office.
그는 우리를 사무실로 안내했다.

094
uniform
[ˈjuːnɪfɔːrm]

ⓝ 제복, 군복, 교복, 유니폼 ⓐ 획일적인

Some students do not want to wear a uniform.
몇몇 학생들은 교복을 입길 원하지 않는다.

095
upright
[ˈʌpraɪt]

ⓐ 똑바른, 꼿꼿한, 곧은

He is an upright man.
그는 곧은 사람이다.

096
uneven
[ʌnˈiːvn]

ⓐ 평평하지 않은, 울퉁불퉁한, 고르지 못한, 한쪽이 훨씬 나은

The road was uneven.
그 도로는 울퉁불퉁했다.

097
volcanic
[vɑːlˈkænɪk]

ⓐ 화산의

We observed the volcanic eruption.
우리는 화산 분출을 관찰했다.

098
vulnerable
[ˈvʌlnərəbl]

ⓐ 취약한, 연약한

The company was financially vulnerable.
그 회사는 재정적으로 취약했다.

099
wildlife
[ˈwaɪldlaɪf]

ⓝ 야생동물

We should protect native wildlife.
우리는 토종 야생동물들을 보호해야 한다.

100
weapon
['wepən]

ⓝ 무기

Drop the **weapon**.
그 무기를 버려라.

Chapter 08 / 비즈니스 편지(설명 또는 설득하는 상업서신)

001 annual [ˈænjuəl]

ⓐ 연례의, 한 해의 ⓝ 연감, 일년생 식물

We had our annual Christmas party last weekend.
우리는 지난 주말에 매년 하는 크리스마스 파티를 했다.

002 anniversary [ˌænɪˈvɜːrsəri]

ⓝ 기념일

Don't forget our wedding anniversary.
우리 결혼 기념일 잊지 마.

003 approach [əˈproʊtʃ]

ⓥ 다가가다, 접촉하다, 말을 하다, 근접하다, 착수하다
ⓝ 접근, 접근법, 처리방법, 접근도로, 진입, 근접한 것

He approached the bank for a loan.
그는 돈을 빌리러 은행에 갔다.

004 appliance [əˈplaɪəns]

ⓝ 기기

We sell high quality household appliances.
우리는 고품질의 가전제품을 판다.

005 approval [əˈpruːvl]

ⓝ 인정, 찬성, 승인, 시용 구매

We submitted the report for approval.
우리는 승인 받기 위해 보고서를 제출했다.

006 authorize [ˈɔːθəraɪz]

ⓥ 인가하다, 권한을 부여하다

We cannot authorize your decision.
우리는 당신의 결정을 인가해줄 수 없다.

007 accommodate [əˈkɑːmədeɪt]

ⓥ 공간을 제공하다, 수용하다, 부응하다, 협조하다, 맞추다

The room can accommodate up to 5 people.
이 방은 5명까지 수용할 수 있다.

008
assure [əʃʊr]

ⓥ 장담하다, 확언하다, 확인하다, 보장하다, 보험에 들다

They assured her of their support.
그들은 그녀를 지지해 줄 것을 장담했다.

009
argument [ˈɑːrɡjumənt]

ⓝ 논쟁, 말다툼, 논거, 주장, 논의

We had an argument about the plan.
우리는 그 계획에 대해 논쟁했다.

010
addition [əˈdɪʃn]

ⓝ 덧셈, 추가된 것, 추가, 부가

I learned addition and subtraction today.
나는 오늘 덧셈과 뺄셈을 배웠다.

011
acceptance [əkˈseptəns]

ⓝ 받아들임, 동의, 승인, 가입허가, 수용절차

His idea gained general acceptance.
그의 생각은 일반적으로 받아들여졌다.

012
abroad [əˈbrɔːd]

ⓐⓓⓥ 해외에, 해외로, 널리 퍼져

I want to travel abroad.
나는 해외로 여행가고 싶다.

013
bear [ber]

ⓥ 참다, 견디다, ~할 만한 것이 못되다, 떠맡다, 품다, 가지고 가다, ~하게 행동하다, (아이를) 낳다, (꽃, 열매를) 피우다, 가다 ⓝ 곰

I am not able to bear the noise.
나는 그 소음을 참을 수 없다.

014
corporate [ˈkɔːrpərət]

ⓐ 기업의, 법인의, 공동의

They asked us our corporate strategy.
그들은 우리에게 기업의 전략을 물었다.

015
celebration [ˌselɪˈbreɪʃn]

ⓝ 기념 행사, 기념

We had a wedding celebration on Sunday.
우리는 일요일에 결혼 기념 행사를 했다.

016
certify
[ˈsɜːrtɪfaɪ]

ⓝ 증명하다, 자격증을 교부하다, 정신질환자임을 증명하다

The document certifies that she has been teaching English for 10 years.
이 서류는 그녀가 10년간 영어를 가르쳐 왔다는 것을 증명한다.

017
compete
[kəmˈpiːt]

ⓥ 경쟁하다, 겨루다, 참가하다

Several students are actively competing.
몇몇 학생들이 적극적으로 경쟁하고 있다.

018
coverage
[ˈkʌvərɪdʒ]

ⓝ 보도, 범위, 보급, 보장

I do not believe press coverage.
나는 언론 보도를 믿지 않는다.

019
circumstance
[ˈsɜːrkəmstæns]

ⓝ 환경, 상황, 형편

I will follow you in any circumstance.
어떤 상황에서도 너를 따를게.

020
compensation
[ˌkɑːmpənˈseɪʃn]

ⓝ 보상

He was offered some compensation for damages.
그는 손해배상을 제의 받았다.

021
claim
[kleɪm]

ⓥ 주장하다, 요구하다, 청구하다, (관심을) 끌다, 덜다, (목숨을) 앗아가다
ⓝ 주장, 권리, 청구

He claims that he acted in self-defence.
그는 정당방위였다고 주장한다.

022
cooperate
[koʊˈɑːpəreɪt]

ⓥ 협력하다, 협조하다

We cooperated with each other.
우리는 서로 협력했다.

023
contribute
[kənˈtrɪbjuːt]

ⓥ 기부하다, 원인이 되다, 기여하다, 이바지하다, 기고하다, 의견을 말하다

The research has **contributed** to our society.
그 연구는 우리 사회에 기여해왔다.

024
characteristic
[ˌkærəktəˈrɪstɪk]

ⓐ 특유의 ⓝ 특징

She has her own **characteristic** enthusiasm.
그녀는 그녀만의 특유의 열정이 있었다.

025
critical
[ˈkrɪtɪkl]

ⓐ 비판적인, 비난하는, 대단히 중요한, 위태로운, 비평가들의

I read several **critical** comments.
나는 몇 가지 비판적인 논평들을 읽었다.

026
careless
[ˈkerləs]

ⓐ 부주의한, 조심성 없는, 경솔한, ~에 개의치 않는

You have been **careless** with money.
당신은 돈에 대해 부주의했어요.

027
citizenship
[ˈsɪtɪzənʃɪp]

ⓝ 시민권, 시민의 신분

She obtained French **citizenship**.
그녀는 프랑스 시민권을 얻었다.

028
certificate
[səˈtɪfɪkət]

ⓝ 증명서, 자격증, 면허증, 자격 ⓥ 자격증을 교부하다

You need to submit a marriage **certificate**.
당신은 혼인 증명서를 제출할 필요가 있다.

029
dedicate
[ˈdedɪkeɪt]

ⓥ 바치다, 전념하다, 봉헌하다

He **dedicated** his life to making movies.
그는 영화를 만드는 데 삶을 바쳤다.

030
degree
[dɪˈɡriː]

ⓝ 도, 정도, 학위, 학부, 급

Candidates must hold a master's **degree** in education.
지원자들은 교육 분야에 석사학위를 가지고 있어야 한다.

031
draw [drɔ:]

- ⓥ 그리다, 끌어 당기다, 끌다, (커튼을) 열다/닫다, 이동하다, 겨누다, 추첨하다, 비기다, 인출하다, 뽑아내다, 들이마시다
- ⓝ 추첨, 제비뽑기, 무승부, 추첨식 시합, 인기를 끄는 사람/것, (담배 연기를) 빨아들이기

She likes to **draw** a picture.
그녀는 그림 그리는 것을 좋아한다.

032
defective [dɪˈfektɪv]

- ⓐ 결함이 있는

We found the goods **defective**.
우리는 그 상품이 결함이 있다는 것을 발견했다.

033
dissatisfaction [ˌdɪsˌsætɪsˈfækʃn]

- ⓝ 불만

He expressed his **dissatisfaction**.
그는 그의 불만을 나타냈다.

034
engage [ɪnˈɡeɪdʒ]

- ⓥ 사로잡다, 고용하다, 관계를 맺다, 교전을 시작하다, 맞물리다

He is **engaged** as an advisor.
그는 고문으로 고용되어 있다.

035
earn [ɜ:rn]

- ⓥ 벌다, 올리다, 얻다

I **earn** $100,000 a year.
나는 1년에 10만 달러를 번다.

036
expansion [ɪkˈspænʃn]

- ⓝ 확대, 확장, 팽창

We are planning a massive **expansion**.
우리는 큰 확장을 계획 중이다.

037
employment [ɪmˈplɔɪmənt]

- ⓝ 직장, 고용, 취업, 채용, 사용

Most people are in paid **employment**.
대부분의 사람들은 보수를 받는 직장에 다닌다.

038
extension
[ɪkˈstenʃn]

(n) 확대, 증축한 방/건물, 연장, 내선, 사회 교육원, 확장자

He was offered an extension of the contract.
그는 계약 연장을 제안받았다.

039
entitle
[ɪnˈtaɪtl]

(v) 자격을 주다, 제목을 붙이다.

I am entitled to tax exemption.
나는 세금 면제를 받을 자격이 있다.

040
educational
[ˌedʒuˈkeɪʃənl]

(a) 교육의, 교육적인

We have great educational programs.
우리는 좋은 교육 프로그램들을 가지고 있다.

041
foster
[ˈfɔːstə(r); ˈfɑːstə(r)]

(v) 조성하다, 발전시키다, 아이를 맡아 기르다 (a) 수양

We have fostered three children.
우리는 3명의 아이들을 맡아 길렀다.

042
fair
[fer]

(a) 타당한, 공정한, 상당한, 옅은 색의, 맑은, 잔잔한, 어여쁜
(adv) 공정하게 (n) 축제마당, 품평회, 박람회, 가축시장, 취업 설명회

It does not seem fair to me.
이것은 나에게 공정하지 않아 보인다.

043
fix
[fɪks]

(v) 고정시키다, 정하다, 준비하다, 알아내다, 마련하다, 수리하다, 바로잡다, 매만지다, 조작하다, 손보다
(n) 해결책, 한번 필요한 양, 곤경, 위치 결정, 이해, 파악, 조작, 부정

I can fix the problem.
그 문제는 내가 바로잡을 수 있어.

044
fulfill
[fulfɪl]

(v) 이행하다, 끝내다, 준수하다, 지키다, 달성하다, 채우다, 종료하다, 자신의 잠재력을 실현하다

He fulfilled his duties.
그는 그의 임무를 수행했다.

045
favor [féivər]

- ⓝ 호의, 친절, 은혜, 부탁, 후원, 총애, 인기, 유행, 편애, 우세, 유리, 이익, 선물, 회원장, 특권
- ⓥ 호의를 보이다, 찬성하다, 지지하다, 돕다, 베풀다, 편애하다, 총애하다, 돌보다, ~에게 유리하다, 뒷받침하다, ~와 얼굴이 닮다

Could you do me a favor?
나에게 호의를 베풀어 줄 수 있니?

046
grateful ['ɡreɪtfl]

- ⓐ 고마워하는, 감사하는

I am especially grateful to you.
나는 특히 너에게 고마워.

047
humble ['hʌmbl]

- ⓐ 겸손한, 초라한, 미천한, 변변찮은, 작은
- ⓥ 겸손하게 만들다, 쉽게 꺾다, 겸손하게 처신하다

He was humble enough to learn from his mistakes.
그는 실수에서 배울 만큼 충분히 겸손했다.

048
hire ['haɪə(r)]

- ⓥ 빌리다, 고용하다, 쓰다   ⓝ 빌림, 대여, 신입사원

We hired five lawyers.
우리는 다섯 명의 변호사를 고용했다.

049
hesitate ['hezɪteɪt]

- ⓥ 망설이다, 주저하다

Do not hesitate to call me.
나에게 전화하는 거 망설이지마.

050
insurance [ɪnˈʃʊrəns]

- ⓝ 보험, 보험업, 보험금, 보험료, 보호수단

I read the travel insurance policy.
나는 그 여행 보험 정책을 읽었다.

051
incentive [ɪnˈsentɪv]

- ⓝ 장려책

There is no incentive to save oil.
석유를 아끼기 위한 장려책이 없다.

052 immediately
[ɪ'miːdiətli]

adv 즉시, 바로 옆에, 직접적으로

She left there immediately.
그녀는 그곳을 즉시 떠났다.

053 intricate
['ɪntrɪkət]

a 복잡한

I do not like intricate patterns.
나는 복잡한 무늬를 안 좋아한다.

054 impart
[ɪm'pɑːrt]

v (정보를) 전하다, (특성을) 주다

I imparted the information to him.
나는 그에게 정보를 전했다.

055 instill
[ɪnstíl]

v 스며들게 하다, 서서히 주입시키다, 한 방울씩 떨어뜨리다

He instilled his idea into my mind.
그는 그의 생각을 내 마음속에 주입시켰다.

056 interactive
[ˌɪntər'æktɪv]

a 상호적인, 상호작용을 하는, 대화형의

I prefer to use interactive teaching methods.
나는 상호적인 교수법을 사용하는 것을 선호한다.

057 loyal
['lɔɪəl]

a 충실한, 충성스러운

He remained loyal.
그는 충실하게 남아있었다.

058 lack
[læk]

n 부족, 결핍 **v** ~이 없다

He apparently lacks confidence.
그는 명백히 자신감이 부족하다.

059 legal
['liːgl]

a 법률과 관련된, 합법적인

The use of the drug is completely legal.
그 약의 사용은 완전히 합법적이다.

060
lawsuit
[ˈlɔːsuːt]

ⓝ 소송, 고소

He filed a lawsuit against the company.
그는 그 회사에 소송을 걸었다.

061
lecture
[ˈlektʃə(r)]

ⓝ 강의, 잔소리　ⓥ 강의하다, 잔소리 하다

I have a lecture in the morning.
나는 아침에 강의가 있다.

062
modest
[ˈmɑːdɪst]

ⓐ 보통의, 겸손한, 얌전한, 수수한

He is modest about his success.
그는 그의 성공에 대해 겸손하다.

063
means
[miːnz]

ⓝ 수단, 방법, 돈, 재력, 수입

We will use every effective means to achieve our goal.
우리는 목표를 성취하기 위해서 모든 효과적 수단들을 사용할 것이다.

064
milestone
[ˈmaɪlstoʊn]

ⓝ 중요한 단계, 마일표

It is a major medical milestone.
이것은 주요한 의학적 단계이다.

065
noble
[ˈnoʊbl]

ⓐ 고귀한, 숭고한, 웅장한　ⓝ 상류층

The noble woman behaves elegantly.
그 고귀한 여성은 우아하게 행동한다.

066
negligible
[ˈneɡlɪdʒəbl]

ⓐ 무시해도 될 정도의

The risk was negligible.
그 위험은 무시해도 될 정도였다.

067
outdated
[ˌaʊtˈdeɪtɪd]

ⓐ 구식인

The car is now outdated.
그 차는 이제 구식이다.

068
privileged
['prɪvəlɪdʒd]

ⓐ 특권을 가진, 영광스러운, 기밀의

She is from a **privileged** family.
그녀는 특권층 집안 출신이다.

069
pleasure
['pleʒə(r)]

ⓝ 기쁨, 즐거움, 재미로 하는 활동, 기쁜 일

It has been a **pleasure** meeting you.
만나서 반가웠어요.

070
profitable
[ˈprɑːfɪtəbl]

ⓐ 수익성 있는, 유익한

I think it will be a **profitable** business.
내 생각에는 이것이 수익성 있는 사업이 될 것 같아.

071
policy
[ˈpɑːləsi]

ⓝ 정책, 방침, 방책, 보험 증권

We need to reform our **policy**.
우리는 정책을 개혁해야 할 필요가 있다.

072
promptly
[ˈprɑːmptli]

adv 지체 없이, 정확히 제시간에, 즉시

He arrived **promptly** at 5 o'clock.
그는 정확히 5시에 도착했다.

073
participation
[pɑːrˌtɪsɪˈpeɪʃn]

ⓝ 참가, 참여

We encourages **participation** in every class.
우리는 모든 수업에 참여를 장려한다.

074
quarter
[ˈkwɔːrtə(r)]

ⓝ 4분의 1, 15분, 사분기, 구역, 사람, 25센트 동전, 숙소, 쿼터, 자비
ⓥ 4등분 하다, 숙소를 제공하다

Could you cut this apple into **quarters**?
이 사과를 4등분 해 줄래?

075
quota
[ˈkwoʊtə]

ⓝ 한도, 몫, 최소 득표수

I have done my **quota** for today.
나는 오늘 할당량은 다했다.

076
reject [rɪˈdʒekt]

ⓥ 거부하다, 거절하다, 불합격 처리하다, 거부 반응을 보이다
ⓝ 불량품, 불합격품, 거부당한 사람

He rejected my suggestion.
그는 내 제안을 거절했다.

077
register [ˈredʒɪstə(r)]

ⓥ 등록하다, 신고하다, 표명하다, 기록하다, (감정을) 나타내다, 알아채다, 기억하다, 등기로 보내다
ⓝ 기록부, 명부, 음역, 사용역, 통풍 조절 장치

You must register online before taking a lesson.
너는 수업을 듣기 전에 온라인으로 등록해야 한다.

078
repair [rɪˈper]

ⓥ 수리하다, 바로잡다   ⓝ 수리, 보수, 수선

I have to repair my car.
나는 내 차를 수리해야 한다.

079
resignation [ˌrezɪgˈneɪʃn]

ⓝ 사직, 사임, 사직서, 받아들임, 감수, 체념

I handed in my resignation.
나는 사직서를 제출했다.

080
reimburse [ˌriːɪmˈbɜːrs]

ⓥ 배상하다

I will reimburse any expenses.
나는 어떤 비용도 배상할 것이다.

081
resolution [ˌrezəˈluːʃn]

ⓝ 결의안, 해결, 결단력, 다짐, 해상도

He made a resolution to stop smoking.
그는 담배를 끊기로 다짐했다.

082
respond [rɪˈspɑːnd]

ⓥ 대답하다, 반응을 보이다, 대응하다, 차도를 보이다

I will respond via email.
내가 이메일로 응답할게.

083
strategy
['strætədʒi]

n 계획, 전략

That was an successful strategy.
그것은 성공적인 전략이었다.

084
skip
[skɪp]

v 거르다, 건너뛰다, 몰래 빠져 나가다, 깡충깡충 뛰다, 줄넘기하다, 이리저리 바꾸다, 물수제비를 뜨다
n 깡충깡충 뛰기, 쓰레기 수거통

I skipped breakfast.
나는 아침 식사를 걸렀다.

085
solidarity
[ˌsɑːlɪˈdærəti]

n 연대, 결속

They showed us community solidarity.
그들은 우리에게 공동체의 결속을 보여줬다.

086
state
[steɪt]

n 상태, 국가, 나라, 주, 정부, 의식 **a** 국가의, 주의
v 말하다, 진술하다, 명시하다

I stated my intention.
나는 내 의도를 말했다.

087
salary
['sæləri]

n 급여, 봉급, 월급

There are some people on low salaries.
봉급이 낮은 사람들도 있다.

088
shoulder
[ˈʃoʊldə(r)]

n 어깨, 갓길 **v** 짊어지다, 어깨로 밀치다, 메다

Roll your shoulders forward.
어깨를 앞쪽으로 말아라.

089
slight
[slaɪt]

a 약간의, 가냘픈, 가벼운 **n** 모욕, 무시

There has been a slight increase.
약간의 증가가 있었다.

090
section
['sekʃn]

ⓝ 부분, 부품, 집단, 부서, 구역, 단면도, 절단, 박편
ⓥ 절단하다, 박편을 만들다, 정신과 입원 치료 명령을 내리다

The article is divided into three sections.
이 글은 3부분으로 나눠져있다.

091
serviceable
[|sɜːrvɪsəbl]

ⓐ 쓸 만한

The blanket is still serviceable.
그 담요는 여전히 쓸 만하다.

092
selected
[siléktid]

ⓐ 선택된, 선발된

They worked two selected companies.
그들은 두 개의 선별된 회사에서 일했다.

093
simplified
[símpləfàid]

ⓐ 간략하게 한, 간소화한, 쉽게 한

I will explain the theory with simplified terms.
내가 그 이론을 쉬운 용어로 설명할게.

094
specialist
['speʃəlɪst]

ⓝ 전문가, 전공자, 전문의

He is a cancer specialist.
그는 암 전문의이다.

095
trade
[treɪd]

ⓝ 거래, 무역, 사업, 업계, 장사, 직업   ⓥ 거래하다, 사업하다, 교환하다

International trade was active.
국제 무역은 활발했다.

096
tender
[téndər]

ⓐ 부드러운, 연한, 약한, 미숙한, 다정한, 동정심 많은, 민감한, 미묘한, 걱정하는
ⓥ 부드럽게 하다, 소중히 하다

I would like to eat a tender steak.
나는 연한 스테이크를 먹고 싶다.

Chapter 08. 비즈니스 편지(설명 또는 설득하는 상업서신)

097
terminate
[ˈtɜːrmɪneɪt]

ⓥ 종료하다/되다, 종점에 닿다

My contract will **terminate** in January.
내 계약은 1월에 종료될 것이다.

098
testament
[ˈtestəmənt]

ⓝ 증거, 유언장

This book is a **testament** to his achievement.
이 책은 그의 업적의 증거다.

099
unspecified
[ˌʌnˈspesɪfaɪd]

ⓐ 명시되지 않은

Unspecified errors occurred.
명시되지 않은 오류들이 발생했다.

100
visionary
[ˈvɪʒəneri]

ⓐ 예지력 있는, 환영의   ⓝ 선지자

He played an important role as a **visionary** leader.
그는 예지력 있는 지도자로서 중요한 역할을 했다.

memo

1 독해 모의고사

- 문항수 : 28문항
- 소요시간 : 40분
- 점수 : 100점

2 출제 내용

1. 인물일대기(과거 역사 속 인물)
2. 잡지기사(사회적, 기술적 묘사)
3. 지식백과(일반적 내용의 백과사전)
4. 비즈니스 편지(설명 또는 설득하는 상업서신)

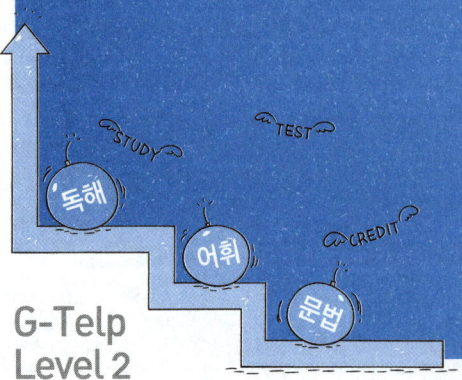

G-Telp Level 2

PART 3

부록

Chapter 01 독해 모의고사
- 인물일대기(과거 역사 속 인물)
- 잡지기사(사회적, 기술적 묘사)
- 지식백과(일반적 내용의 백과사전)
- 비즈니스 편지(설명 또는 설득하는 상업서신)

Chapter 02 정답 및 해설

Chapter 01 / 독해 모의고사

Part 1

Thomas Alva Edison

Thomas Alva Edison was an American inventor and businessman, best remembered for developing many devices in fields such as electric power generation, mass communication, sound recording, and motion pictures.

Thomas Edison was born in 1847 in Milan, Ohio. He was the seventh and last child of Samuel Ogden Edison Jr. and Nancy Matthews Elliott. His mother who used to be a school teacher taught him reading, writing, and arithmetic. He attended school for only a few months, but he was a very curious child who learned most things by reading on his own. He was interested in technology and spent many hours working on experiments at home.

When Edison was 12 years old, he developed hearing problems of which the cause was a bout of scarlet fever during childhood and recurring untreated middle-ear infections. Though he was completely deaf in one ear and hardly hearing in the other, he believed that his hearing loss made him avoid distraction and concentrate more easily on his work.

Edison started his career selling candy, newspapers and vegetables on the trains running from Port Huron to Detroit. With a $50-a-week profit by age 13, he bought equipment for his experiments. He became a telegraph operator after saving three-year-old Jimmy MacKenzie, who was nearly hit by a runaway train. He used to conduct qualitative analysis and chemical experiments on the train.

After Edison obtained the exclusive right to sell newspapers on the road, he sold the Grand Trunk Herald with his other papers. This helped to discover his talents as a businessman. Eventually, his entrepreneurship was helpful to the formation of some 14 companies, including General Electric, which is still one of the largest publicly traded companies in the world. He <u>established</u> his first laboratory in Menlo Park, New Jersey in 1876 and developed many of his early inventions. He was a prolific inventor, holding 1,093 patents in his name.

Edison married twice and fathered six children. On December 25, 1871, at the age of 24, Edison married 16-year-old Mary Stilwell who was an employee at one of his shops. They had three children. However, Mary Edison died of unknown causes at age 29 on August 9, 1884. After that, on February 24, 1886, at the age of 39, Edison married the 20-year-old Mina Miller in Akron, Ohio. They also had three children together.

Edison died of complications of diabetes on October 18, 1931, in his home. Later, his wife, Mina, died in 1947. Reportedly, Edison's last breath is contained in a test tube at The Henry Ford museum near Detroit.

01 Which is true about Thomas Alva Edison's childhood?

(a) He learned most things from his father.
(b) He was the only child.
(c) His mother used to teach him reading, writing, and arithmetic in school.
(d) He showed a fascination for technology.

02 What did Edison think about his hearing loss?

(a) He believed he would be fully deaf in both ears.
(b) He thought it allowed him to focus on his work.
(c) He guessed it was cased by a mild fever and an ear infection.
(d) He blamed himself for it.

03 When did Edison first start his job?

(a) He started his career when he was in Detroit.
(b) He became a telegraph operator for his first job.
(c) He could get his job when he saved a child.
(d) He began his career selling things on the trains.

04 What is not true about Edison's marriage life?

(a) He married a lady who was working at his store.
(b) Mary Edison died in her 20's.
(c) He had three sons and three daughters.
(d) He got married to Mina Miller two years after Mary Edison's death.

05 Why most likely did Edison depart this life?

(a) He died at The Henry Ford museum.
(b) It is because of diabetes complications.
(c) It is because his wife died.
(d) His last breath is containd in a test tube.

06 In the context of the passage, exclusive means _____.

(a) fashionable
(b) sole
(c) excluding
(d) high-class

07 In the context of the passage, established means _____.

(a) set up
(b) demonstrated
(c) implemented
(d) ensured

Part 2

A decrease in the number of international students in the United States due to COVID.

The global spread of the coronavirus has affected the number of international students worldwide including America. Despite the high respect of U.S. educational institutions, the number of foreign students enrolled in U.S. universities in the 2020-21 school year plunged 15%, according to a study.

According to data from the International Institute of Education, there were less than 1 million foreign students enrolled in online or in-person lectures at U.S. universities in the 2020-21 school year, down 15% from the previous year. It was also found in the historical data that less than 1 million international students have enrolled in U.S. institutions for the first time since 2014-15.

The recent survey involving 3,000 U.S. universities found that the decline in foreign enrollment was attributed to a sharp decline in first-year students from Korea(down 21%), China(down 15%), and India(down 13%).

The survey also stated that 59% of the adults in 16 developed countries said that despite the economic downturn, U.S. universities are still above average compared to universities in other developed countries or the world's highest level.

Experts say this decline in international students in the United States has a significant impact on universities' financial status. We all hope the coronavirus problem will be resolved as soon as possible so that international students can get better opportunities. We also hope that not only the U.S. economy but also the global economy can recover quickly.

01 Why most likely is the number of international students decreasing in America?

(a) This is because there were economic problems in 2020.
(b) This is because international students prefer online lectures.
(c) This is because of the spread of COVID-19 to some extent.
(d) This is because people respect American educational institutions.

02 Which is not true about foreign students in America?

(a) In 2019, there were more international students in the United States than in 2020.
(b) International students in America can take either in-person or online classes.
(c) Historical data have found that this decrease in international students has occurred for the first time since 14-15.
(d) The United States currently has the fewest international students in history.

03 Why did the number of international students decline in a recent survey involving 3,000 universities in the United States?

(a) This is because the number of Korean students has decreased.
(b) This is because there was a sudden decline in first-year students from three different countries.
(c) This is because Chinese students refused to enter U.S. universities.
(d) This is because international admission is difficult.

04 What probably do more than half of adults in 16 developed countries think of American universities?

(a) They value American universities.
(b) They think American universities are just average.
(c) They believe American universities are economical.
(d) They respect economic downturn.

05 What do experts think about the decline in international students in the United States?

(a) They think the coronavirus problem will be resolved.
(b) They think the global economy will recover quickly.
(c) They think American students can get better opportunities.
(d) They think the decrease in the number of international students affects the budget of American universities.

06 In the context of the passage, plunged means _____.

(a) skyrocketed
(b) deteriorated
(c) plundered
(d) plummeted

07 In the context of the passage, downturn means _____.

(a) downside
(b) delusion
(c) recession
(d) circumstance

Part 3

Cycling

Cycling which is also called "biking or bicycling" is the use of bicycles for various purposes such as transport, or sport. We can call people who are engaged in cycling "cyclists, bikers or bicyclists". In the 19th century, bicycles were first introduced and now the number of them is gradually increasing, approximately one billion worldwide.

Looking at the history of bicycles, it is said that they were first used in war. The bicycles were used as a means of reconnaissance, transporting soldiers and supplies to combat zones. In this sense, they took over many of the functions of horses in warfare. For example, in World War I, France, Germany, Australia and New Zealand used bicycles to move troops. In the Second Boer War, both sides used bicycles for scouting.

In modern society, bicycles are used in everyday life. There are numerous benefits of bicycles compared to motor vehicles. First of all, cycling provides a number of health benefits. The World Health Organization(WHO) states that it can reduce the risk of heart disease, cancers, and diabetes prevalent in sedentary lifestyles. A Dutch study found that cycling can extend lifespans by up to 14 months. People who cycle regularly have also shown mental health improvements.

In addition, cycling can help solve environmental problems, making a consumption of fossil fuels, air pollution, and traffic congestion reduced. It can be the effective means of transportation for short to moderate distances especially in densely populated cities. Bicycles are also easy to park and do not occupy much parking spaces.

Some schools or institutions run educational programs to instruct children in bicycle handling skills so that they can ride their bikes safely. In countries such as Denmark and the Netherlands, where cycling is popular, cyclists are often segregated into bike lanes at the side of roads. Many elementary schools participate in the national road test where children individually complete a circuit on roads near the school while being supervised by testers. There are also educational programs for adult cyclists, which are available from organizations such as the League of Bicyclists.

01 Which is not true about cycling?

(a) Cycling, biking, and bicycling are synonyms.
(b) Bicycles were first introduced in the 1800s.
(c) There are only two purposes for cycling, which are transport and sport.
(d) There are almost a billion bicycles worldwide.

02 What purpose were bicycles first used for?

(a) They were first used as a means of reunion.
(b) They were first used as transportation in war.
(c) They were first used for horses.
(d) They were first used for improving health.

03 What is not the advantage of riding a bicycle in modern society?

(a) It helps extend lifespans.
(b) It helps improve mental health.
(c) It brings many health benefits.
(d) It can reduce the risk of accidents.

04 What is good about bicycles in terms of environment?

(a) Cycling in a densely populated area is easier.
(b) They are very effective to cover a long distance.
(c) They reduce traffic congestion and air pollution.
(d) It's not easy to find a parking spot.

05 How do elementary school students take tests to ride bicycles safely?

(a) They take educational programs.

(b) They are segregated into bike lanes.

(c) They ride bicycles on roads near the school while being observed by supervisors.

(d) They complete programs for adult cyclists.

06 In the context of the passage, prevalent means _____.

(a) prominent

(b) rare

(c) widespread

(d) substantial

07 In the context of the passage, segregated means _____.

(a) secluded

(b) excluded

(c) united

(d) separated

Part 4

Fabruary 16, 2022

Ms. Jenny Miller
4342 Edson Avenue,
Bronx, NY 10466

Dear Ms. Miller:
Good day! We are excited to announce to our members that in celebration of ABS Mart's 10th anniversary, we are opening our third store in NewYork this coming March 1, 2022. The new store is located near Gun Hill Road train station in Bronx.

The reason why we decided to open the new store in Bronx is because we have many customers in the area. The store will be much bigger than the Manhattan branch. Considering the size of the store, there will be more 30 clerks available to give you better customer service.

As you know, ABS store has long been the standard for quality products. For that reason, we could have many regulars. To thank your loyal customers, we plan to offer you discounts of up to 60% on many products for the entire month of March. As our loyal customers are the main reason for our expansion, it is our pleasure to return the favor by offering you great deals.

Please take note of the following advice regarding our items to be on sale. Clearance sales will be held at 60% discount. A 40% discount will also be applied to the new items with minor damage, such as slight scratches, or other negligible damage.

We are thrilled to welcome you to the Grand Opening of the third store on March 1st, 2022. The opening celebration will extend from 9 am to 7pm - a full 10 hours of fun! We would love to show you all we have to offer and hope to see you there on the day.

Should you have any questions about it, please do not hesitate to call us at

(917)-960-1988 or send us an email at ABSstore@build.com. Our working hours are from 9 a.m. to 7 p.m. We can also promise we will respond to your email within 24 hours after your inquiry is received.

Your truly,
Peter Roberts
Marketing Director
1047 Nelson Avenue,
Bronx, NY 10452

01 For the 10th anniversary of ABS Mart, what event will it prepare?

(a) It will celebrate the day for its members only.
(b) It will open the store in Gun Hill Road train station.
(c) It will have the third store in Bronx.
(d) It will prepare the event that people want.

02 Why did ABS Mart decide to open a new branch in Bronx?

(a) Because it has to employ 30 clerks.
(b) Because many customers want it.
(c) Because it has a number of consumers in Bronx.
(d) Because the Manhattan branch is small.

03 What benefits will ABS Mart offer to its regular customers in return?

(a) It will give customers pleasure.
(b) It will offer all products at a 60% discount.
(c) It will offer quality products.
(d) It will provide great deals.

04 What is not true about the ABS Mart's opening event?

(a) It will be on March 1st 2022.

(b) It will promise a full 10 hours of fun.

(c) It will finish at 7pm.

(d) It will celebrate its 11th anniversary.

05 How can customers contact ABS mart if they have any questions about the opening event?

(a) They can call anytime.

(b) They can visit the store.

(c) They can ask in person.

(d) They can inquire by phone or email.

06 In the context of the passage, expansion means _____.

(a) extent

(b) incensement

(c) growth

(d) implication

07 In the context of the passage, negligible means _____.

(a) inferior

(b) insignificant

(c) imperative

(d) mediocre

Chapter 02 / 정답 및 해설

Part 1 인물의 일대기

Thomas Alva Edison
토마스 알바 에디슨

〕인물 이름

Thomas Alva Edison was an American inventor and businessman, best remembered for developing many devices in fields such as electric power generation, mass communication, sound recording, and motion pictures.
토마스 알바 에디슨은 미국의 발명가이자 사업가로, 전기 발전, 대중 통신, 음향 녹음, 영화와 같은 분야에서 많은 장치를 개발한 것으로 가장 잘 알려져 있다.

〕인물 소개

- inventor 발명가　☐ device 장치　☐ electric power generation 전기 발전
- mass communication 대중 통신　☐ motion picture 영화

Thomas Edison was born in 1847 in Milan, Ohio. He was the seventh and last child of Samuel Ogden Edison Jr. and Nancy Matthews Elliott. His mother who used to be a school teacher taught him reading, writing, and arithmetic. He attended school for only a few months, but he was a very curious child who learned most things by reading on his own. He was interested in technology and spent many hours working on experiments at home.
토마스 에디슨은 1847년 오하이오주 밀란에서 태어났다. 그는 새뮤얼 오그든 에디슨 주니어와 낸시 매튜스 엘리엇의 7번째 아이이자 막내였다. 학교 교사였던 그의 어머니는 그에게 읽기, 쓰기, 산수를 가르쳤다. 그는 학교에 다닌 지 몇 달밖에 되지 않았지만 스스로 독서를 통해 대부분의 것을 배운 매우 호기심이 많은 아이였다. 그는 기술에 관심이 있었고 집에서 실험하는 데 많은 시간을 보냈다.

〕어린 시절

- arithmetic 산수　☐ curious 호기심 많은　☐ experiment 실험

When Edison was 12 years old, he developed hearing problems of which the cause was a bout of scarlet fever during childhood and recurring untreated middle-ear infections. Though he was completely deaf in one ear and hardly hearing in the other, he believed that his hearing loss made him avoid distraction and concentrate more easily on his work.

〕청력 문제

258 _ Part 3. 부록

에디슨이 12살이었을 때, 그는 어린 시절 청력 문제가 심해졌고, 그 원인은 어린 시절 한 차례의 성홍열과 치료되지 않은 중이염의 재발이었다. 한쪽 귀는 완전히 들리지 않고 다른 한쪽 귀는 거의 들리지 않았지만, 그는 청력 상실로 인해 산만함을 피하고 일에 더 쉽게 집중할 수 있다고 믿었다.

- scarlet fever 성홍열　- recurring 재발하는　- untreated 치료되지 않은　- deaf 귀머거리의
- distraction 산만함

Edison started his career selling candy, newspapers and vegetables on the trains running from Port Huron to Detroit. With a $50-a-week profit by age 13, he bought equipment for his experiments. He became a telegraph operator after saving three-year-old Jimmy MacKenzie, who was nearly hit by a runaway train. He used to conduct qualitative analysis and chemical experiments on the train.

첫 경력

에디슨은 포트 휴런에서 디트로이트로 가는 기차에서 사탕, 신문, 야채를 파는 일을 시작했다. 13세 때 주당 50달러의 수익을 얻으면서, 그는 실험을 위한 장비를 구입했다. 그는 폭주하는 기차에 거의 치일 뻔한 3살 지미 맥켄지를 구한 후 전신 기사가 되었다. 그는 열차 안에서 질적인 분석과 화학 실험을 하곤 했다.

- profit 수익　- equipment 장비　- telegraph operator 전신 기사　- qualitative 질적인
- chemical 화학의

After Edison obtained the exclusive right to sell newspapers on the road, he sold the Grand Trunk Herald with his other papers. This helped to discover his talents as a businessman. Eventually, his entrepreneurship was helpful to the formation of some 14 companies, including General Electric, which is still one of the largest publicly traded companies in the world. He established his first laboratory in Menlo Park, New Jersey in 1876 and developed many of his early inventions. He was a prolific inventor, holding 1,093 patents in his name.

업적

에디슨이 길에서 신문을 팔 수 있는 독점권을 얻은 후, 그는 그의 다른 신문들과 함께 그랜드 트렁크 헤럴드를 팔았다. 이것은 사업가로서의 그의 재능 발견을 도와줬다. 결국, 그의 기업가 정신은 여전히 세계에서 가장 큰 상장 기업 중 하나인 General Electric을 포함한 14개의 회사를 설립하는 데 도움이 되었다. 그는 1876년 뉴저지 멘로 파크에 그의 첫 번째 연구소를 설립했고 그의 많은 초기 발명품들을 개발했다. 그는 1,093개의 특허를 보유하고 있는 다작의 발명가였다.

- obtain 얻다　- exclusive 독점적인　- entrepreneurship 기업가 정신　- publicly 공적으로
- laboratory 연구소　- prolific 다작의　- patent 특허

Edison married twice and fathered six children. On December 25, 1871, at the age of 24, Edison married 16-year-old Mary Stilwell who was an employee at one of his shops. They had three children. However, Mary Edison died of unknown causes at age 29 on August 9, 1884. After that, on February 24, 1886, at the age of 39, Edison married the 20-year-old Mina Miller in Akron, Ohio. They also had three children together.

결혼

에디슨은 두 번 결혼했고 6명의 자녀를 낳았다. 1871년 12월 25일, 24세의 나이에 에디슨은 그의 가게들 중 한 곳의 종업원이었던 16세의 메리 스틸웰과 결혼했다. 그들은 세 아이를 가졌다. 하지만, 메리 에디슨은 1884년 8월 9일 29세에 알려지지 않은 원인으로 사망했다. 그 후 1886년 2월 24일, 39세의 나이에 에디슨은 20세의 미나 밀러와 오하이오주 애크런에서 결혼했다. 그들은 또한 세 명의 자녀를 두었다.

- father 아버지가 되다 - unknown 알려지지 않은

Edison died of complications of diabetes on October 18, 1931, in his home. Later, his wife, Mina, died in 1947. Reportedly, Edison's last breath is contained in a test tube at The Henry Ford museum near Detroit.

사망

에디슨은 1931년 10월 18일 그의 집에서 당뇨 합병증으로 사망했다. 그 후, 그의 아내 미나가 1947년에 사망했다. 보도에 따르면, 에디슨의 마지막 숨은 디트로이트 근처의 헨리 포드 박물관의 시험관에 담겨 있다.

- complications 합병증 - diabetes 당뇨병 - contain 포함하다

► YouTube 프리에듀

01 Which is true about Thomas Alva Edison's childhood?

(a) He learned most things from his father.

(b) He was the only child.

(c) His mother used to teach him reading, writing, and arithmetic in school.

(d) He showed a fascination for technology.

해설 (a) 그는 대부분의 것을 스스로 배웠다.
(b) 그는 일곱 째 막내였다.
(c) 교사였던 어머니가 집에서 그에게 읽기, 쓰기, 산수를 가르쳤다.
(d) 그는 기술에 대한 흥미가 있었다.

해석 토마스 알바 에디슨의 어린 시절에 대한 설명으로 옳은 것은?
(a) 그는 그의 아버지로부터 대부분의 것을 배웠다.
(b) 그는 외동이었다.
(c) 그의 어머니는 학교에서 그에게 읽기, 쓰기, 산수를 가르치곤 했다.
(d) 그는 기술에 대한 흥미를 보였다.

☐ childhood 어린 시절 ☐ fascination 흥미

02 What did Edison think about his hearing loss?

(a) He believed he would be fully deaf in both ears.

(b) He thought it allowed him to focus on his work.

(c) He guessed it was caused by a mild fever and an ear infection.

(d) He blamed himself for it.

해설 (a) 그는 한쪽 귀는 완전 안 들리고 한쪽 귀는 거의 들리지 않았지만 완전히 안 들릴 것이라고 믿진 않았다.
(b) 그는 청력손실이 자신의 일에 더 집중할 수 있게 해준다고 믿었다.
(c) 청력손실은 성홍열과, 중이염 재발이 원인이었다.
(d) 그가 청력손실에 대해 자책했다는 말은 언급되지 않았다.

해석 에디슨은 청력 상실에 대해 어떻게 생각했는가?
(a) 그는 자신이 양쪽 귀가 들리지 않을 것이라고 믿었다.
(b) 그는 그것이 자신의 일에 집중할 수 있게 해준다고 생각했다.
(c) 그는 그것이 미열과 귀 감염으로 인한 것이라고 추측했다.
(d) 그는 그것에 대해 자책했다.

☐ mild fever 미열 ☐ infection 감염 ☐ blame 비난하다

》》 정답 01 (d) 02 (b)

03 When did Edison first start his job?

(a) He started his career when he was in Detroit.
(b) He became a telegraph operator for his first job.
(c) He could get his job when he saved a child.
(d) He began his career selling things on the trains.

해설 (a) 디트로이트에서 일을 시작한 것이 아니라 그가 일하던 기차가 디트로이트까지 갔다.
(b) 그는 처음에 기차에서 물건을 팔다가 전신기사가 되었다.
(c) 그는 아이를 구하고 전신기사가 되긴 했지만 첫 직업의 시작은 아니다.
(d) 그는 기차에서 물건을 파는 일로 그의 경력을 시작했다.

해석 에디슨은 언제 처음 일을 시작했는가?
(a) 그는 디트로이트에 있을 때 일을 시작했다.
(b) 그는 첫 직업으로 전신기사가 되었다.
(c) 그는 아이를 구했을 때 직업을 얻을 수 있었다.
(d) 그는 기차에서 무언가를 팔며 일을 시작했다.

□ career 경력

04 What is not true about Edison's marriage life?

(a) He married a lady who was working at his store.
(b) Mary Edison died in her 20's.
(c) He had three sons and three daughters.
(d) He got married to Mina Miller two years after Mary Edison's death.

해설 (a) 그는 자기 가게에서 일하는 직원과 결혼했다.
(b) 메리 에디슨은 29세에 세상을 떠났다.
(c) 그가 6명의 자식이 있다고 했으나 3남 3녀를 두었다는 말은 언급되지 않았다.
(d) 메리 에디슨이 1884년에 세상을 떠났고, 그가 1886년에 재혼했으므로 2년 후에 결혼한 것은 맞는 말이다.

해석 에디슨의 결혼 생활에 대한 설명으로 옳지 않은 것은?
(a) 그는 자기 가게에서 일하는 여자와 결혼했다.
(b) 메리 에디슨은 20대에 세상을 떠났다.
(c) 그는 3남 3녀를 두었다.
(d) 그는 메리 에디슨이 죽은 지 2년 후 미나 밀러와 결혼했다.

□ death 죽음

》》》 정답   03 (d)   04 (C)

05
Why most likely did Edison depart this life?

(a) He died at The Henry Ford museum.

(b) It is because of diabetes complications.

(c) It is because his wife died.

(d) His last breath is containd in a test tube.

해설 (a) 그는 헨리 포드 박물관에서 죽은 것이 아니라 집에서 세상을 떠났다.
(b) 당뇨합병증이 그의 사망 원인이 맞다.
(c) 그의 아내는 그가 죽은 후에 세상을 떠났다.
(d) 그의 마지막 숨이 시험관에 담긴 건 그가 죽고 난 후이다.

해석 에디슨은 왜 세상을 떠났는가?
(a) 그는 헨리 포드 박물관에서 죽었다.
(b) 당뇨합병증 때문이다.
(c) 왜냐하면 그의 아내가 죽었기 때문이다.
(d) 그의 마지막 숨이 시험관에 담겨있다.

▫ depart this life 세상을 떠나다

06
In the context of the passage, exclusive means _____.

(a) fashionable

(b) sole

(c) excluding

(d) high-class

해설 Edison obtained the exclusive right ~. 이 문장에서 에디슨은 독점권을 얻었다는 내용이므로 exclusive는 '독점적인'의 의미로 쓰였다. 따라서 sole과 같은 의미로 쓰였다.

해석 이 문맥에서 exclusive는 _____를 의미한다.
(a) 유행하는
(b) 독점적인
(c) ~를 제외하고
(d) 고급의

▫ fashionable 유행하는   ▫ sole 독점적인   ▫ excluding ~를 제외하고
▫ high-class 고급의

》 정답   05 (b)   06 (b)

07 In the context of the passage, established means _____.

(a) set up
(b) demonstrated
(c) implemented
(d) ensured

해설 He established his first laboratory ~. 이 문장에서 그는 첫 번째 실험실을 설립했다는 내용이므로 establish는 '설립하다'의 의미로 쓰였다. 따라서 set up과 같은 의미로 쓰였다.

해석 이 문맥에서 established는 _____를 의미한다.
(a) 설립했다
(b) 입증했다
(c) 시행했다
(d) 보장했다

□ set up 설립하다 □ demonstrate 입증하다 □ implement 시행하다 □ ensure 보장하다

》》 정답   07 (a)

Part 2 잡지 기사

A decrease in the number of international students in the United States due to COVID.

코로나로 인한 미국 국제학생 수의 감소

기사 제목

The global spread of the coronavirus has affected the number of international students worldwide including America. Despite the high respect of U.S. educational institutions, the number of foreign students enrolled in U.S. universities in the 2020-21 school year plunged 15%, according to a study.

코로나바이러스의 세계적인 확산은 미국을 포함한 전 세계적 유학생 수에 영향을 미쳤다. 미국 교육기관의 가치가 높이 평가됨에도 불구하고 2020~21학년도에 미국 대학에 등록한 외국인 학생 수는 15%나 급감했다는 연구결과가 나왔다.

코로나 바이러스와 유학생 수

☐ spread 확산 ☐ affect 영향을 미치다 ☐ international 국제의 ☐ institution 기관 ☐ enroll 등록하다
☐ plunge 급감하다

According to data from the International Institute of Education, there were less than 1 million foreign students enrolled in online or in-person lectures at U.S. universities in the 2020-21 school year, down 15% from the previous year. It was also found in the historical data that less than 1 million international students have enrolled in U.S. institutions for the first time since 2014-2015.

국제교육원 자료에 따르면 2020~21학년도 미국 대학의 온라인 또는 대면 강의에 등록한 외국인 학생은 전년 대비 15% 감소한 100만 명 미만이었다. 2014~2015년 이후 처음으로 미국 기관에 등록한 유학생이 100만 명도 채 되지 않는다는 사실 또한 역사자료에서 확인됐다.

미국 유학생 수의 감소 수치

☐ foreign 외국의 ☐ lecture 강의

The recent survey involving 3,000 U.S. universities found that the decline in foreign enrollment was attributed to a sharp decline in first-year students from Korea(down 21%), China(down 15%), and India (down 13%).

최근 미국 대학 3000곳이 참여한 조사 결과 외국인 입학생 감소는 한국(21% 감소), 중국(15% 감소), 인도(13%)의 1학년 학생들의 급격한 감소가 원인으로 분석됐다.

국적별 미국 유학생 감소 수치

☐ survey 조사 ☐ decline 감소 ☐ be attributed to ~에 기인하다

■ G-Telp Level 2 ■

The survey also stated that 59% of the adults in 16 developed countries said that despite the economic <u>downturn</u>, U.S. universities are still above average compared to universities in other developed countries or the world's highest level.
그 조사는 또한 16개 선진국 성인의 59%가 경기 침체에도 불구하고 미국 대학이 다른 선진국 대학과 비교해 여전히 평균 이상이거나 세계 최고 수준이라고 답했다.

| 미국 대학에 대한 선진국 성인의 평가 |

□ downturn 침체   □ compared to ~와 비교해서

Experts say this decline in international students in the United States has a significant impact on universities' financial status. We all hope the coronavirus problem will be resolved as soon as possible so that international students can get better opportunities. We also hope that not only the U.S. economy but also the global economy can recover quickly.
전문가들은 미국 내 유학생 감소가 대학들의 재정상태에 상당한 영향을 미친다고 말한다. 우리 모두는 하루빨리 코로나바이러스 문제가 해결되어 유학생들이 더 좋은 기회를 얻을 수 있기를 바란다. 미국뿐만 아닌 세계 경제도 빠르게 회복될 수 있기를 바란다.

| 유학생의 수와 경제적 상관관계 |

□ significant 상당한   □ financial 재정적인   □ status 상태   □ resolve 해결하다   □ recover 회복하다

▶ YouTube 프리에듀

01 Why most likely is the number of international students decreasing in America?

(a) This is because there were economic problems in 2020.
(b) This is because international students prefer online lectures.
(c) This is because of the spread of COVID-19 to some extent.
(d) This is because people respect American educational institutions.

해설 코로나 바이러스가 미국을 포함한 전 세계적 유학생 수에 영향을 미쳤다고 했으므로 미국의 유학생 수의 감소는 어느 정도는 코로나의 확산 때문이다.

해석 미국에서 유학생의 수가 줄어드는 이유는 무엇입니까?
(a) 2020년 한 해 동안 경제적 문제가 있었기 때문이다.
(b) 유학생들이 온라인 강의를 선호하기 때문이다.
(c) 이는 어느 정도 COVID-19의 확산 때문이다.
(d) 사람들이 미국의 교육 기관을 존경하기 때문이다.

□ extent 범위 □ institution 기관

02 Which is not true about foreign students in America?

(a) In 2019, there were more international students in the United States than in 2020.
(b) International students in America can take either in-person or online classes.
(c) Historical data have found that this decrease in international students has occurred for the first time since 14-15.
(d) The United States currently has the fewest international students in history.

해설 (a) 2020-21년 미국 대학에 등록한 외국인 학생들은 전년보다 15% 감소했다고 했으므로 19년에 20년보다 유학생 수가 더 많았음을 유추할 수 있다.
(b) 미국에 있는 유학생들은 대면 수업이나 온라인 수업을 들을 수 있다고 명시되어 있다.
(c) 역사 자료에 따르면 유학생의 감소는 14-15년 이후 처음으로 나타났다고 언급했다.
(d) 미국은 현재 역사상 가장 적은 유학생을 보유하고 있다는 말은 언급되지 않았다.

해석 다음 중 미국에 있는 외국인 학생들에 대해 사실이 아닌 것은?
(a) 2019년에는 2020년보다 미국 내 유학생 수가 더 많았다.
(b) 미국에 있는 유학생들은 대면 수업이나 온라인 수업을 들을 수 있다.
(c) 역사 자료에 따르면 유학생의 감소는 14-15년 이후 처음으로 나타났다.
(d) 미국은 현재 역사상 가장 적은 유학생을 보유하고 있다.

□ occur 일어나다 □ currently 최근에

》》 정답   01 (c)   02 (d)

■ G-Telp Level 2 ■

03 Why did the number of international students decline in a recent survey involving 3,000 universities in the United States?

(a) This is because the number of Korean students has decreased.
(b) This is because there was a sudden decline in first-year students from three different countries.
(c) This is because Chinese students refused to enter U.S. universities.
(d) This is because international admission is difficult.

> 해설 (a) 한국, 중국, 인도에서 온 국제 학생의 1학년 수가 감소한 것이 원인이지 한국 학생들의 수가 줄어들었기 때문은 아니다.
> (b) 한국, 중국, 인도 이렇게 세 나라에서 온 1학년 학생들의 갑작스러운 감소가 있었기 때문에 국제 학생의 수가 줄어든 것이 맞다.
> (c) 중국 학생들이 미국 대학 진학을 거부했기 때문이라는 말은 언급되지 않았다.
> (d) 국제 입학이 어렵기 때문이라는 말은 언급되지 않았다.

> 해석 미국의 3,000개의 대학들이 참여한 최근의 조사에서 왜 유학생의 수가 감소하였는가?
> (a) 한국 학생들의 수가 줄어들었기 때문이다.
> (b) 서로 다른 세 나라에서 온 1학년 학생들의 갑작스러운 감소가 있었기 때문이다.
> (c) 중국 학생들이 미국 대학 진학을 거부했기 때문이다.
> (d) 국제 입학이 어렵기 때문이다.

□ decline 감소, 감소하다 □ refuse 거부하다 □ admission 입학

04 What probably do more than half of adults in 16 developed countries think of American universities?

(a) They value American universities.
(b) They think American universities are just average.
(c) They believe American universities are economical.
(d) They respect economic downturn.

> 해설 16개 선진국의 성인 59%가 미국 대학이 다른 선진국 대학과 비교해 여전히 평균 이상이거나 세계 최고 수준이라고 답했다고 했으므로 미국 대학을 가치 있다고 생각하는 것이 맞다.

> 해석 16개 선진국 성인의 절반 이상이 미국 대학을 어떻게 생각하는가?
> (a) 그들은 미국 대학을 가치 있게 생각한다.
> (b) 그들은 미국 대학이 그저 평균이라고 생각한다.
> (c) 그들은 미국 대학교가 경제적이라고 믿는다.
> (d) 그들은 경기 침체를 존중한다.

□ value 가치 있게 생각하다 □ economical 경제적인 □ economic 경제의

》》 정답   03 (b)   04 (a)

▶ YouTube 프리에듀

05 What do experts think about the decline in international students in the United States?

(a) They think the coronavirus problem will be resolved.
(b) They think the global economy will recover quickly.
(c) They think American students can get better opportunities.
(d) They think the decrease in the number of international students affects the budget of American universities.

해설 전문가들은 미국 내 유학생 감소가 대학들의 재정상태에 상당한 영향을 미친다고 했으므로 (d)가 정답이다.

해석 미국 유학생의 감소에 대해 전문가들은 어떻게 생각하는가?
(a) 그들은 코로나 바이러스 문제는 해결될 것이라고 생각한다.
(b) 그들은 세계 경제는 빠르게 회복될 것이라고 생각한다.
(c) 그들은 미국 학생들은 더 좋은 기회를 얻을 수 있다고 생각한다.
(d) 그들은 유학생 수의 감소는 미국 대학의 예산에 영향을 미친다고 생각한다.

☐ resolve 해결하다 ☐ recover 회복되다 ☐ budget 예산

06 In the context of the passage, plunged means _____.

(a) skyrocketed
(b) deteriorated
(c) plundered
(d) plummeted

해설 the number of foreign students enrolled in U.S. universities in the 2020-21 school year plunged ~ 이 문장에서 '2020~21년에 미국 대학에 등록된 외국인 학생들의 수가 급락했다'는 의미이므로 plunge는 '급락하다'의 의미로 쓰였다. 따라서 plummet과 같은 의미이다.

해석 이 문맥에서 plunged는 _____를 의미한다.
(a) 급등했다
(b) 악화됐다
(c) 약탈했다
(d) 급락했다

☐ skyrocket 급등하다 ☐ deteriorate 악화되다 ☐ plunder 약탈하다 ☐ plummet 급락하다

»» 정답   **05** (d)   **06** (d)

Chapter 02. 정답 및 해설 _ 269

07 In the context of the passage, downturn means _____.

(a) downside
(b) delusion
(c) recession
(d) circumstance

해설 despite the economic downturn~ 이 부분은 '경제적 침체에도 불구하고~'의 내용이므로 downturn은 '침체'의 의미로 쓰였다. 따라서 recession과 같은 의미이다.

해석 이 문맥에서 downturn은 _____를 의미한다.
(a) 불리한 면
(b) 망상
(c) 불황
(d) 상황

□ downside 불리한 면 □ delusion 망상 □ recession 불황 □ circumstance 상황

》》 정답   07 (c)

Part 3 지식 백과

Cycling
자전거 타기

[표제어]

Cycling which is also called "biking or bicycling" is the use of bicycles for various purposes such as transport, or sport. We can call people who are engaged in cycling "cyclists, bikers or bicyclists". In the 19th century, bicycles were first introduced and now the number of them is gradually increasing, approximately one billion worldwide.

"biking 또는 bicycling"이라고도 불리는 자전거 타기는 교통수단이나 스포츠와 같은 다양한 목적으로 자전거를 이용하는 것을 말한다. 자전거를 타는 사람들을 "cyclists, bikers 혹은 bicyclists"라고 부를 수 있다. 19세기에 자전거가 처음 소개되었고 지금은 세계적으로 대략 10억대로 점차 그 수가 증가하고 있다.

[정의+소개]

- various 다양한 □ purpose 목적 □ transport 교통수단 □ be engaged in ~에 종사하다
- approximately 대략적으로

Looking at the history of bicycles, it is said that they were first used in war. The bicycles were used as a means of reconnaissance, transporting soldiers and supplies to combat zones. In this sense, they took over many of the functions of horses in warfare. For example, in World War I, France, Germany, Australia and New Zealand used bicycles to move troops. In the Second Boer War, both sides used bicycles for scouting.

자전거의 역사를 살펴보면 전쟁에서 처음 사용되었다고 한다. 자전거는 군인과 보급품을 전투 지역으로 운송하는 정찰 수단으로 사용되었다. 이런 의미에서, 그들은 전쟁에서 말의 많은 기능을 넘겨받았다. 예를 들어, 제1차 세계 대전에서 프랑스, 독일, 호주, 뉴질랜드는 군대를 이동시키기 위해 자전거를 사용했다. 제2차 보어 전쟁에서 양측은 정찰을 위해 자전거를 이용했다.

[전쟁에서 사용된 자전거]

- means 수단 □ reconnaissance 정찰 □ transport 운송하다 □ combat 전쟁 □ function 기능
- troop 군대 □ scouting 정찰

In modern society, bicycles are used in everyday life. There are numerous benefits of bicycles compared to motor vehicles. First of all, cycling provides a number of health benefits. The World Health Organization (WHO) states that it can reduce the risk of heart disease, cancers, and diabetes <u>prevalent</u> in sedentary lifestyles. A Dutch study found that cycling can extend lifespans by up to 14 months. People who cycle regularly have also shown mental health improvements.

[현대 사회 자전거의 장점 1]

현대 사회에서 자전거가 일상생활에서 사용된다. 자전거는 자동차에 비해 많은 장점이 있다. 우선 자전거 타기는 많은 건강상의 이점을 제공한다. 세계보건기구는 자전거 타기가 앉아서 생활하는 생활방식에 만연한 심장병, 암, 당뇨병의 위험을 줄일 수 있다고 말한다. 네덜란드의 한 연구는 자전거 타기가 최대 14개월까지 수명을 연장할 수 있다는 것을 발견했다. 정기적으로 자전거를 타는 사람들은 또한 정신 건강의 향상을 보여왔다.

- numerous 수많은 □ benefit 이익 □ motor vehicle 자동차 □ prevalent 널리 퍼진
- sedentary 앉은 채 있는 □ extend 연장하다 □ lifespan 수명 □ regularly 정기적으로
- improvement 향상

In addition, cycling can help solve environmental problems, making a consumption of fossil fuels, air pollution, and traffic congestion reduced. It can be the effective means of transportation for short to moderate distances especially in densely populated cities. Bicycles are also easy to park and do not occupy much parking spaces.

게다가, 자전거 타기는 화석 연료 소비, 대기 오염, 교통 혼잡을 줄이면서 환경 문제를 해결하는 데 도움을 줄 수 있다. 그것은 특히 인구 밀도가 높은 도시에서 단거리에서 적당한 거리를 위한 효과적인 교통수단이 될 수 있다. 자전거는 주차도 쉽고 주차 자리를 많이 차지하지도 않는다.

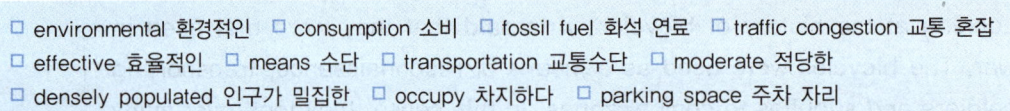

- environmental 환경적인 □ consumption 소비 □ fossil fuel 화석 연료 □ traffic congestion 교통 혼잡
- effective 효율적인 □ means 수단 □ transportation 교통수단 □ moderate 적당한
- densely populated 인구가 밀집한 □ occupy 차지하다 □ parking space 주차 자리

Some schools or institutions run educational programs to instruct children in bicycle handling skills so that they can ride their bikes safely. In countries such as Denmark and the Netherlands, where cycling is popular, cyclists are often <u>segregated</u> into bike lanes at the side of roads. Many elementary schools participate in the national road test where children individually complete a circuit on roads near the school while being supervised by testers. There are also educational programs for adult cyclists, which are available from organizations such as the League of Bicyclists.

일부 학교나 기관에서는 아이들이 안전하게 자전거를 탈 수 있도록 자전거를 다루는 기술을 가르치는 교육 프로그램을 운영하고 있다. 자전거 타기가 인기인 덴마크나 네덜란드 같은 나라에서는 자전거 타는 사람들이 도로변에 있는 자전거 전용도로로 분리되는 경우가 많다. 전국 도로주행시험에는 많은 초등학교가 참여해 시험관들의 감독하에 아이들이 개별적으로 학교 인근 도로에서 순회를 완수하는 방식으로 진행된다. 자전거를 타는 성인들을 위해 자전거 연맹과 같은 단체에서 이용할 수 있는 교육 프로그램도 있다.

- instruct 가르치다   - safely 안전하게   - segregate 분리하다   - elementary school 초등학교
- participate in 참여하다   - individually 개별적으로   - circuit 순회   - supervise 감독하다
- available 이용 가능한

01 Which is not true about cycling?

(a) Cycling, biking, and bicycling are synonyms.
(b) Bicycles were first introduced in the 1800s.
(c) There are only two purposes for cycling, which are transport and sport.
(d) There are almost a billion bicycles worldwide.

해설 (a) 세 어휘는 동의어가 맞다.
(b) 19세기에 처음 도입된 것이므로 1800년대이다.
(c) 자전거 타기는 교통수단, 스포츠를 포함해 다양한 목적을 가진다.
(d) 자전거의 수는 점차적으로 늘어서 거의 10억 대에 달한다.

해석 자전거 타기에 대한 사실이 아닌 것은 무엇인가?
(a) Cycling, biking, and bicycling는 동의어다.
(b) 자전거는 1800년대에 처음 도입되었다.
(c) 자전거 타기는 오직 두 가지 목적, 즉 교통수단과 스포츠만이 있다.
(d) 전 세계에는 거의 10억 대의 자전거가 있다.

- synonym 동의어   - purpose 목적   - billion 십억

》》 정답   **01** (c)

■ G-Telp Level 2 ■

02 What purpose were bicycles first used for?

(a) They were first used as a means of reunion.
(b) They were first used as transportation in war.
(c) They were first used for horses.
(d) They were first used for improving health.

해설 두 번째 단락에서 자전거는 처음에 전쟁에서 운송수단으로 사용되었다고 언급했다.
해석 자전거는 처음에 어떤 용도로 사용되었나?
(a) 그것들은 처음 재결합의 수단으로 사용되었다.
(b) 그것들은 전쟁에서 운송수단으로 처음 사용되었다.
(c) 그것들은 처음에 말을 위해 사용되었다.
(d) 그것들은 처음에 건강을 증진시키기 위해 사용되었다.

□ reunion 재결합   □ transportation 교통수단

03 What is not the advantage of riding a bicycle in modern society?

(a) It helps extend lifespans.
(b) It helps improve mental health.
(c) It brings many health benefits.
(d) It can reduce the risk of accidents.

해설 자전거 타기는 수명을 연장시키는 것을 도와주고, 정신건강에도 좋고, 많은 건강상의 이점을 가져다 준다. 하지만 사고의 위험을 줄여준다는 말은 언급되지 않았다.
해석 현대사회에서 자전거를 타는 것의 장점이 아닌 것은?
(a) 그것은 수명을 연장하는 데 도움이 된다.
(b) 그것은 정신 건강 증진에 도움이 된다.
(c) 그것은 많은 건강상의 이점을 가져다준다.
(d) 그것은 사고의 위험을 줄일 수 있다.

□ extend 연장하다   □ lifespan 수명   □ improve 향상시키다   □ benefit 이익   □ risk 위험

》》 정답   02 (b)   03 (d)

04
What is good about bicycles in terms of environment?

(a) Cycling in a densely populated area is easier.

(b) They are very effective to cover a long distance.

(c) They reduce traffic congestion and air pollution.

(d) It's not easy to find a parking spot.

해설 (a) 인구가 밀집된 지역에서 자전거를 타는 것은 더 쉽다는 말은 언급되지 않았다.
(b) 그것들은 먼 거리를 커버하는 데 매우 효과적인 것이 아니라 짧거나 적당한 거리에 좋다.
(c) 그것들은 교통 혼잡과 대기 오염을 줄여줘서 환경에 좋은 것은 사실이다.
(d) 주차할 곳을 찾기 쉽고 자리도 많이 차지하지 않는다.

해석 환경적인 측면에서 자전거의 어떤 점이 좋은가?
(a) 인구가 밀집된 지역에서 자전거를 타는 것은 더 쉽다.
(b) 그것들은 먼 거리를 커버하는 데 매우 효과적이다.
(c) 그것들은 교통 혼잡과 대기 오염을 줄여준다.
(d) 주차할 곳을 찾기가 쉽지 않다.

□ densely populated area 인구밀집지역　□ effective 효과적인　□ traffic congestion 교통혼잡

05
How do elementary school students take tests to ride bicycles safely?

(a) They take educational programs.

(b) They are segregated into bike lanes.

(c) They ride bicycles on roads near the school while being observed by supervisors.

(d) They complete programs for adult cyclists.

해설 초등학생들이 시험을 치르는 방식을 물어봤고, 지문에서 아이들이 시험관들에 의해 감독되는 동안 학교주변을 순회한다고 했으므로 (c)가 정답이다.

해석 초등학생들은 자전거를 안전하게 타기 위해 어떻게 시험을 치르는가?
(a) 그들은 교육 프로그램을 수강한다.
(b) 그들은 자전거 도로로 분리된다.
(c) 그들은 감독관들에 의해 관찰되는 동안 학교 근처 도로에서 자전거를 탄다.
(d) 그들은 자전거를 타는 성인들을 위한 프로그램을 완수한다.

□ observe 관찰하다　□ supervisor 감독관

》》 정답　04 (c)　05 (c)

06

In the context of the passage, prevalent means _____.

(a) prominent
(b) rare
(c) widespread
(d) substantial

해설 The World Health Organization(WHO) states that it can reduce the risk of heart disease, cancers, and diabetes prevalent in sedentary lifestyles. 이 문장에서 세계보건기구는 자전거 타기가 앉아서 생활하는 생활방식에 만연한 심장병, 암, 당뇨병의 위험을 줄일 수 있다고 말한다는 내용이므로 prevalent는 '만연한'의 의미로 쓰였다. 따라서 widespread와 같은 의미로 쓰였다.

해석 이 문맥에서 prevalent는 _____를 의미한다.
(a) 중요한
(b) 드문
(c) 만연한
(d) 상당한

▫ prominent 중요한 ▫ rare 드문 ▫ widespread 만연한 ▫ substantial 상당한

07

In the context of the passage, segregated means _____.

(a) secluded
(b) excluded
(c) united
(d) separated

해설 Cyclists are often segregated ~. 이 문장에서 자전거 타는 사람들이 자전거 전용도로로 분리된다는 내용이므로 segregate는 '분리하다'의 의미로 쓰였다. 따라서 separate과 같은 의미로 쓰였고 수동태 문장이므로 are separated는 '분리되다'로 해석한다.

해석 이 문맥에서 segregated는 _____를 의미한다.
(a) 은둔하게 된
(b) 배제된
(c) 결합된
(d) 분리된

▫ seclude 은둔하다 ▫ exclude 배제하다 ▫ unite 합치다 ▫ separate 분리하다

》》 정답   06 (c)   07 (d)

Part 4 비즈니스 편지

Fabruary 16, 2022
2022년 2월 16일

Ms. Jenny Miller
4342 Edson Avenue,
Bronx, NY 10466
제니 밀러
에드선가 4342번지
브롱크스, 뉴욕 10466

Dear Ms. Miller:
Good day! We are excited to announce to our members that in celebration of ABS Mart's 10th anniversary, we are opening our third store in New York this coming March 1, 2022. The new store is located near Gun Hill Road train station in Bronx.
밀러 씨에게:
좋은 하루 되세요! ABS 마트의 창립 10주년을 기념하여 오는 2022년 3월 1일 뉴욕에 3호점을 오픈하게 된 것을 멤버들에게 알리게 되어 매우 기쁩니다. 새로운 가게는 브롱크스에 있는 건힐 로드 기차역 근처에 위치해 있습니다.

- announce 알리다 - celebration 기념 - anniversary 기념일

The reason why we decided to open the new store in Bronx is because we have many customers in the area. The store will be much bigger than the Manhattan branch. Considering the size of the store, there will be more 30 clerks available to give you better customer service.
우리가 브롱크스에 새로운 매장을 열기로 한 이유는 그 지역에 손님이 많기 때문입니다. 그 가게는 맨해튼 지점보다 훨씬 더 클 것입니다. 가게의 규모를 고려하여 더 나은 고객 서비스를 제공하기 위해 30명 이상의 직원이 배치될 것입니다.

- branch 지점 - considering ~를 고려하면 - clerk 점원 - available 이용 가능한

As you know, ABS store has long been the standard for quality products. For that reason, we could have many regulars. To thank your loyal customers, we plan to offer you discounts of up to 60% on many products for the entire month of March. As our loyal customers are the main reason for our expansion, it is our pleasure to return the favor by offering you great deals.

아시다시피 ABS 매장은 오랫동안 품질 좋은 제품의 기준이 되어 왔습니다. 그런 이유로 우리는 단골손님을 많이 둘 수 있었습니다. 단골고객 여러분께 감사드리기 위해 3월 한 달 동안 많은 제품을 최대 60% 할인해 드릴 계획입니다. 우리의 단골고객이 우리의 사업을 확장하게 해준 주된 이유인 만큼, 우리는 당신에게 좋은 거래를 제공함으로써 보답하게 되어 기쁩니다.

- standard 기준   □ quailty 질 좋은   □ entire 전체의   □ loyal customer 단골   □ expansion 확장
- favor 호의   □ offer 제공하다

Please take note of the following advice regarding our items to be on sale. Clearance sales will be held at 60% discount. A 40% discount will also be applied to the new items with minor damage, such as slight scratches, or other negligible damage.

우리의 세일 품목과 관련하여 아래의 조언을 참고해주시기 바랍니다. 재고정리 세일은 60% 할인된 가격으로 진행됩니다. 긁힘이 경미하거나 기타 경미한 손상이 있는 새 품목에 대해서도 40% 할인이 적용될 것입니다.

- regarding ~에 관련해   □ apply to 적용하다   □ minor 경미한   □ slight 약간의   □ negligible 사소한

We are thrilled to welcome you to the Grand Opening of the third store on March 1st, 2022. The opening celebration will extend from 9 am to 7pm - a full 10 hours of fun! We would love to show you all we have to offer and hope to see you there on the day.

2022년 3월 1일 3호점의 그랜드 오픈에 귀하를 모시게 되어 매우 기쁩니다. 오픈 행사는 오전 9시부터 오후 7시까지 10시간이며 즐거운 시간이 될 것입니다! 저희가 제공하는 모든 것을 보여드리고 싶으며 그날 그곳에서 뵙기를 바랍니다.

- thrilled 흥분된   □ extend 연장하다

Should you have any questions about it, please do not hesitate to call us at (917)-960-1988 or send us an email at ABSstore@build.com. Our working hours are from 9 a.m. to 7 p.m. We can also promise we will respond to your email within 24 hours after your inquiry is received.

▶ YouTube 프리에듀

이에 대한 문의 사항이 있으시면 주저하지 마시고 (917)-960-1988로 전화하시거나 ABSstore@build.com으로 이메일을 보내주십시오. 저희 근무시간은 오전 9시부터 오후 7시까지입니다. 우리는 또한 당신의 문의가 접수된 후 24시간 이내에 당신의 이메일에 답장할 것을 약속할 수 있습니다.

☐ hesitate 주저하다   ☐ respond 응답하다   ☐ inquiry 문의

Your truly,
Peter Roberts
Marketing Director
1047 Nelson Avenue,
Bronx, NY 10452

당신의 진심 어린,
피터 로버츠
마케팅 이사
넬슨가 1047번지,
브롱크스, 뉴욕 10452

발신인 정보

01 For the 10th anniversary of ABS Mart, what event will it prepare?

(a) It will celebrate the day for its members only.
(b) It will open the store in Gun Hill Road train station.
(c) It will have the third store in Bronx.
(d) It will prepare the event that people want.

해설 ABS 마트는 10주년 기념으로 3호점을 오픈한다고 했으므로 정답은 (c)이다.
해석 ABS 마트의 10주년 기념으로 어떤 이벤트를 준비했나요?
(a) 오직 회원들만을 위해 그날을 기념할 것이다.
(b) 건힐 로드 기차역에 매장을 열 예정이다.
(c) 브롱크스에 세 번째 매장을 열 것이다.
(d) 사람들이 원하는 이벤트를 준비할 것이다.

☐ anniversary 기념   ☐ celebrate 기념하다   ☐ prepare 준비하다

》》 정답   **01** (c)

02 Why did ABS Mart decide to open a new branch in Bronx?

(a) Because it has to employ 30 clerks.
(b) Because many customers want it.
(c) Because it has a number of consumers in Bronx.
(d) Because the Manhattan branch is small.

해설 Bronx에 새로운 매장을 여는 이유는 그 지역에 손님이 많기 때문이라고 했으므로 (c)가 정답이다.

해석 ABS 마트는 왜 브롱크스에 새로운 지점을 열기로 결정했는가?
(a) 30명의 점원을 고용해야 하기 때문이다.
(b) 많은 고객들이 원하기 때문이다.
(c) 브롱크스에 많은 소비자가 있기 때문이다.
(d) 맨하탄 지점이 작기 때문이다.

□ employ 고용하다   □ consumer 소비자

03 What benefits will ABS Mart offer to its regular customers in return?

(a) It will give customers pleasure.
(b) It will offer all products at a 60% discount.
(c) It will offer quality products.
(d) It will provide great deals.

해설 ABS 마트가 단골들에게 좋은 거래를 제공할 것이라고 했으므로 (d)가 정답이다. ABS 마트는 3월간 많은 제품을 60% 할인해준다고 했으나 모든 제품을 할인하는 것은 아니므로 (b)는 정답이 될 수 없다.

해석 ABS 마트는 단골 고객에게 어떤 혜택을 줄 것인가?
(a) 그것은 고객들에게 즐거움을 줄 것이다.
(b) 모든 제품을 60% 할인된 가격에 제공할 것이다.
(c) 그것은 양질의 제품을 제공할 것이다.
(d) 그것은 좋은 거래를 제공할 것이다.

□ regular customer 단골   □ in return 보답으로

»» 정답   02 (c)   03 (d)

04. What is not true about the ABS Mart's opening event?

(a) It will be on March 1st 2022.

(b) It will promise a full 10 hours of fun.

(c) It will finish at 7pm.

(d) It will celebrate its 11th anniversary.

해설 ABS 마트 오픈 행사는 22년 3월 1일에 오전 9시부터 오후 7시까지 10시간 동안 진행될 것이다. (d)는 언급되지 않았다.

해석 ABS 마트의 오픈 행사에 대한 설명으로 옳지 않은 것은?
(a) 2022년 3월 1일에 열릴 예정이다.
(b) 10시간 내내 즐거울 것을 약속할 것이다.
(c) 오후 7시에 끝날 예정이다.
(d) 11주년을 기념할 것이다.

☐ celebrate 기념하다　☐ anniversary 기념일

05. How can customers contact ABS mart if they have any questions about the opening event?

(a) They can call anytime.

(b) They can visit the store.

(c) They can ask in person.

(d) They can inquire by phone or email.

해설 문의사항은 전화나 이메일로 할 수 있다고 나와 있으므로 (d)가 정답이다.

해석 오픈 이벤트와 관련하여 문의사항이 있을 경우 ABS 마트에 연락하려면 어떻게 해야 합니까?
(a) 언제든지 전화할 수 있다.
(b) 가게에 방문할 수 있다.
(c) 직접 물어보면 된다.
(d) 전화나 이메일로 문의할 수 있다.

☐ in person 직접　☐ inquire 문의하다

》》 정답　04 (d)　05 (d)

06 In the context of the passage, expansion means _____.

(a) extent
(b) incensement
(c) growth
(d) implication

해설 expansion은 문맥에서 회사의 '확장' 의미로 쓰였다. 회사가 '성장'했다는 뜻이므로 growth와 같은 의미로 쓰였다.

해석 이 문맥에서 expansion은 _____을 의미한다.
(a) 범위
(b) 격분시킴
(c) 성장
(d) 영향

□ extent 범위 □ incensement 격분시킴 □ growth 성장 □ implication 영향, 함축, 암시

07 In the context of the passage, negligible means _____.

(a) inferior
(b) insignificant
(c) imperative
(d) mediocre

해설 negligible은 '무시해도 될 정도의' 의미로 쓰였다. 따라서 insignificant와 같은 의미로 쓰였다.

해석 이 문맥에서 negligible은 _____를 의미한다.
(a) 열등한
(b) 사소한
(c) 긴요한
(d) 보통 밖에 안되는

□ negligible 무시해도 될 정도의 □ inferior 열등한 □ insignificant 사소한
□ imperative 긴요한 □ mediocre 보통 밖에 안되는

》》 정답   06 (c)   07 (b)

G-Telp Level 2

G-Telp Level 2

수험서의 NO.1 서울고시각

편저자 약력

이솔
- The University of Sydney - Master of Education
  Oxford Seminars TESOL/TESL Certification

- 에듀윌 편입 독해 교수
  에듀윌 경찰/소방영어 교수
  이패스코리아 지텔프 교수
  에듀마켓 지텔프 교수
  남부고시 공무원영어 교수
  KG패스원 경찰영어 교수
  메가스터디 영어 교수

저서
- 이솔 G-TELP 32 to 65
  참 쉬운 이솔 편입문법
  참 쉬운 이솔 소방영어 시리즈(문법/어휘/독해/생활영어/기출)
  참 쉬운 이솔 영어 Start up
  참 쉬운 이솔 영어 문법 200제
  에듀윌 경찰영어 시리즈(기본/기출/파이널/합격 문제집)
  초등 임용고사 2차 대비 영어수업실연 및 영어면접

이솔
지텔프
G-TELP 32 to 65

인쇄일 2024년 1월 20일
발행일 2024년 1월 25일

편저자 이솔
발행인 김용관
발행처 ㈜서울고시각
주 소 서울시 마포구 양화로7길 83 2층(데이비드 빌딩)
대표전화 02.706.2261
상담전화 02.706.2262~6 | FAX 02.711.9921
인터넷서점·동영상강의 www.edu-market.co.kr
E-mail gosigak@gosigak.co.kr
표지디자인 이세정
편집디자인 김수진, 황인숙
편집·교정 오지영

ISBN 978-89-526-4166-3
정 가 15,000원

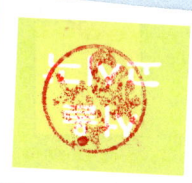

• 이 책에 실린 내용에 대한 저작권은 ㈜서울고시각에 있으므로 무단으로 전재하거나 복제, 배포할 수 없습니다.

유튜브 프리에듀에서 무료 시청

프리에듀
FREE EDU

"한국사능력검정" "지텔프"
초스피드 단기완성

공무원·경찰·소방
군무원·교원임용 대비

**장유리
한국사능력
검정시험
7일만에
80점 넘기기**

공무원·경찰·소방·군무원·변리사
세무사·노무사·회계사대비

**참쉬운 이솔
G-Telp
2주완성
G-TELP
32 to 65**

※ 표지이미지는 변경될 수 있습니다.

유튜브 무료강의   ▶ YouTube 에서 프리에듀 를 검색해보세요

Since 1985 서울고시각 검증된 합격노하우

FREE EDU

YouTube에 프리에듀를 검색해보세요

유튜브 무료강의
프리에듀

"한국사능력검정" "지텔프" 초스피드 단기완성
유튜브 프리에듀에서 무료 시청

▶ YouTube에서 프리에듀 를 검색해보세요